Dietmar Beetz
E-Mail in Keilschrift

E-Mail ist der eine, *Keilschrift* der andere Pol, und alles, was auf diesen Seiten vorgelegt wird, liegt milchstraßen-sternschnuppengleich dazwischen.
(Bescheidener geht's nicht, und wer das für unbescheiden hält, lese halt rein und mache sich seinen Reim!)

Dietmar Beetz: geb. 1939 in Neustadt am Rennsteig. Studium der Medizin, Ausbildung zum Hautarzt und Spezialisierung für Betriebsmedizin. 1965/66 Schiffsarzt, 1973 als Arzt in Guinea-Bissau. Wohnt in Erfurt und arbeitet bis zu Stunde in seinem Beruf.
Veröffentlichungen: seit 1971 rund 50 Buchtitel in hoher Gesamtauflage. Einige Preise literarischer Art. Einspänner seit dem Austritt aus diversen Vereinen.

Dietmar Beetz

E - M A I L I N K E I L S C H R I F T

Haiku und andere Sprüche

Edition D.B. - Erfurt

Satz & Umschlag-Gestaltung:
book-design Sabine Beck
unter Verwendung einer Arbeit von
Carla Beck
(e-Mail: book-design@gmx.de)

Edition D.B. - Erfurt
© 2006 Dietmar Beetz
Alle Rechte vorbehalten
Herstellung: sdz Dresden
ISBN 3-936662-25-8

Für OK -
auch zur Vergütung
nordspanischer Mühsal

Zu neuen Ufern -
genauer: zu Buntsandstein,
Keuper, Muschelkalk!

Rosenkönigin
künftig, besponsert von Jeans-
King, als Hosen-Queen.

Guter Mond, du gehst
zu stille, und kein Schwein weiß,
wohin und wofür.

Baß erstaunt ob der
Gewalt aus der Kid-Kinder-
Video-Kill-Ecke.

Faites vos jeux Hartz IV
änd Hindukusch Zwo und alle
                fünfe grade!

Seit dir der Atem
knapp wird, träumst du von der, die
einst für dich
                Luft war.

99 proCent
VorteilsFaktor, ein Prozent
Eros & Co..

Ach, bin ich froh, daß
es dich gibt; ach, wär ich froh,
währte das ewiglich!

Auf Freiersfüßen
gehn, notfalls springen, ja nicht
stehn und stehn und stehn!

Hat man auch deine
Träume im Griff, wirst du ohne
Veto zerfleischt.

Honorarige
Wixxenschaft preist winkgemäß
dir jeglichen Scheiß.

Kindergärten erst
"zukunftsfähig": auf Kali-
bergwerkniveau Ost.

Ja, als noch Zonen-
Weihnachtspakete pauschal
absetzbar waren!

Nicht zeitgeistgemäß
tickt, wer gesteht: Tut mir leid, doch
du tust mir leid.

Globalolaby-
rinthisch: es gibt nur, gibt nur,
gibt nur
        diesen Weg.

Stallknecht sein - oder
auch Page: dort, wo du
justament residierst.

Im Kleinen Schwarzen:
Du, und mir wär fast sogar
'ne Uniform recht.

Seller-Unkraut er-
stickt vielfältig Grün und läßt
Mutanten schießen.

Dank Herdentrieb und
Medienmeute verläßt kaum
mal ein Schaf die Trift.

Sie tun's nicht unter
Maximalverdummung, und
die Menge macht mit.

Die Hoffnung bleibt, daß
der oder die bald mal sagt:
"So nicht, nicht mit mir."

Leidig, mußt du dein
Wesen verleugnen und dir
Sanftmut verkneifen.

Ruhn an deinem
Gestade, vertraut mit den
Gezeiten deines Bluts.

Dich nicht nur riechen
können - mich nachtlang berauschen
an deinem Duft!

Laß dir Greisenkluft
verpassen, und gleich bist du
drei Viertel senil.

Lebendig: solang
sich das Dasein noch live und
hautnah ereignet.

Erst als ihm keine
Zeit mehr blieb, begann er, sich
Zeitchen zu nehmen.

Wär sofort Schluß, wär's
nicht schlimm; aber nur halb - und dann
viertel, achtel...

Kein Behagen mehr,
und wohin du auch denkst, es
bleibt nur Verzweiflung.

Kurztreten, gewiß -
mithin: Ekeln von Rang kurz
'nen Tritt verpassen!

Und so 'ne Polit-
Marktwirtschafts-Nase als
Hau-den-Lucas-Figur!

Nicht Kindheit total
noch mal, doch diese und jenen
im Licht von einst!

Bißchen mehr ehrlich
sein, bißchen mehr schwanger und
ü-hü-ber alles!

Festreden festver-
zinst: zum Feste-Burg-Tarif
festlich feste drauf!

Gesundheit - höchstes
Gut: so hoch, daß kein Schwein von
da unten rankommt.

... und wünsche euch all-
lalles, was sich schö-hön anhört
und nie-nix kost.

Ausharren, schlaflos,
bis die Nacht vorbei ist und
kein Tag mehr beginnt!

Einst himmelhoch jauchzend/
zu Tode betrübt, nun
chronisch verzweifelt.

Leben ist was zum
Abgewöhnen; wer's schaffen will,
fängt zeitig an.

Gut nach der schlimmen
AltersInflation: Der Cent
hat wieder 'nen Wert.

Jenseits von Glut und
Möse schrumpelt der gesamte
Matscho zu Matsch.

Ihr linder Silber-
blick war Markenzeichen und
Karriere-Bonus.

So makellos und
glatt - da fürchtet Mann ja, statt rein-
      auszurutschen.

Die Sommersprossen
sind's; die machen naseweis
und irdisch bestirnt.

Auf deiner Sommer-
sprossenleiter - zunächst mal
nur mit den Lippen.

Selbst per E-Mail ist ihm
'ne Liebes-Epistel
zu zeit-intensiv.

Und nun 'ne Bemme
mit dreifach veredelter
E-E-E-
      kelwurst.

Schön, Kind, damit
mußt du leben, und gut, Kind, daran
kann ich sterben.

Allein die Hand am
Puls der Zeit zeigt an: Nicht du
bist es, was krank ist.

Ragazza hat was
vom Strich, girl von 'nem Gully
und Mädle - na ja...

Wohl dem, der verweilt:
glückselig im Liebhaber-
Dilettanten-Stand.

All die Verkannten,
heut hochgerühmt, und das Rühm-
Rudel: einst
und jetzt.

Herz, laß mich nicht im
Stich, brich, eh der Schlag mich trifft,
eh Krebs mich zerfrißt!

Eingehn, rauchgrau, in
lichte Höhen; der Rest zu dem,
was Wind verweht.

Winterfiligran
Schwarz auf Weiß; in Nuancen
Grau - uncoloriert.

Chronometer - echt
preisgünstig! Und zeigt sogar
manchmal die Zeit an!!

Super-Bratpfanne,
hitze-hieb-stabil, optimal
im Tiefkühlschrank!

Aufschreiben, also
festhalten: um zu bannen
und loszuwerden.

Ist alles schön ein-
sortiert, legt man auch dich ab
in 'nem Behältnis.

Zurückdenken - ja,
doch ja nicht zurückkehren
und noch mal fortgehn!

Nicht nur den Unhold
treibt's zurück, 'ne offne Rechnung
zu begleichen.

Ein Thomas Mann? - Klar,
dieser Multi-Holly-Profi
Müller-Stahl-Blech.

Die Schiller-Locken
raus und Dingsda - äh, Mozart-
Kugeln ins Regal!

Wer hiergeblieben,
zahlt dafür, wer weggegangen -
    mitunter auch.

Manch Sascha-Sergej
nutzt sein Namens-Tatoo als
    Top-Wende-Beleg.

Maximal: zehnfaches
Minimum. Dies, Bosse,
hebt an, wollt ihr mehr!

Hätten's gern g'schamig,
damit niemand ausspricht: "So'n
Profit ist pervers."

Bitte kein BeiLeid
heucheln, doch - bitte - sich auch
BeiFreud verkneifen!

Gegangen den Weg
allen Fleisches, und da ziemlich
fett - wie geschmiert.

Nicht daß er tot ist,
daß er so alt geworden -
in diesem Body...

Unverzeihlich - der
Zwang, ihnen gleichzuziehn und
zum Schwein zu werden.

Angelaufen - das
Jahr: der WahlGlanz blind, erste
RegierungsFlecken...

Gleichberechtigung
meint, scheint's, auch gleiches Recht auf
Dummheit und Tücke.

Glaubt zwar nicht an den
Weihnachtsmann, verlangt aber
Christkind-Geschenkle.

Die Zehn Gebote
auf Eins verschlankt: Du mußt alleweil
    mache Profit!

Sich begnügen mit
absolutem Muß: anvi-
sieren und durchziehn!

Bist du noch mal knapp
davongekommen, nenn's wohl-
gemut "Genesung"!

Grad was du gibst mit
noch warmer Hand, hat klebrigen
  Testament-Datsch.

Wer aus dem Leim geht,
hatte zumeist schon länger
'ne Schraube locker.

Daß du alt wirst, wär
nicht so schlimm, bekäm's nicht auch
dein Spiegelbild mit.

Brauchen keinerlei
Heil-HilfsGerätschaft, bloß 'nen
Honorar-Tresor.

Leidlich gesund zu
bleiben, wird mit der Zeit immer
  beschwerlicher.

Geh Erinnerung
nicht im Winter nach! Da wird
alles zu Schmutz-Schnee.

Selbst für den Krebsgang
braucht's bewegliche Beine,
möglichst mit Fuß dran.

Aufrechter Gang paßt
gut zum Arbeitsweg, nicht so
zur Arbeitssuche.

Wahlbeteiligung:
Zwei Prozent - glatt 100 %
Plus zur Vorwahl!

Auch das Gedicht nimmt
Abschied: ein letzter Reim, dann
Pulsschlag, der verstummt.

Solang dir irgend-
wer was übelnimmt, nimmt dich
irgendwer noch ernst.

Reib dir die Augen,
und jener Aureolen-
glanz ist weggewischt.

Haltet den Dieb, und
kämpft gegen Terror!
                Eure
                Ganoven-AG

Vom Krippenspiel zur
Grippe-Time, und die Herzigkeit
        hustet dir eins.

Hat erst die Pumpe
'nen Knacks weg, knackt's bis runter
in die Testikel.

Zum Schluß hin genügt
als Uniform ein schlichtes
Hemd ohne alles.

Grad Bannerträger
aus Passion hassen, kommt's arg,
die Wimpel-Zipfel.

Wegtauchen, weg! Wenn's
sein muß: in Suff, viel lieber -
klar - in deinen Muff.

Bald mal auftauchen
aus dem Grau! Welt ungetrübt sehn,
    unvernebelt!

Perspektive auf
Peanut-Niveau läßt knabbern
und Zähne knirschen.

Manche versagen
still vor sich hin, and're ver-
sagen sich lauthals.

Weiß, wenn er sich nicht
mit dem Leben beeilt, dann
beeilt sich der Tod.

Stillstehn ist mühsam;
geht alsbald über in Stille
    horizontal.

Funktionäre heut
wie einst, auch wenn sie nicht mal
funktionieren.

Die vormals lagen
schwer im Magen; die jetzt stehn
vor dem Mastdarm-Tor.

Naturverbunden,
doch gehn ihm Sturm, Kälte, Hitze
arg aufs Gemüt.

Liebt Urwüchsigkeit,
wenngeich nur in Biedermeier-
    Bonsai-Desäng.

Gas unerschwinglich -
schön und gut, ich aber brauch
Türschloß-Enteiser.

Schon mal sardonisch -
das Lächeln nach Ankunft auf dem
  Rentner-Wrackplatz.

Froh, endlich zum Schrott
zu gehören, verzweifelt
tod-glücklich heilfroh.

Nicht den Stolz - bitte
nicht auch noch das! Denn - verdammt! -
was bleibt einem dann?

Nichts Schlechtes nachreden -
klar, aber auch nicht bloß
Gutes nach-
              lügen!

Stolz sein, und ob, stolz,
und wie, stolz, und sei's auf
den eig'nen Schweißfuß!

Nimmt sonstwas in den
Mund, doch partout nicht eines
der Worte dafür.

Nicht untern Rock, nicht
unbedingt aufs Kreuz, doch bissel
  Zungen-Kitzel.

Pausen zwischen paar
Worten - Kleben am Handy,
als wär's das Leben.

Statt Grußersatz "Hau-
du-just-zu!":
          "Wie geht's den Kindern? -
Wie den Enkeln?"

Nit mehr Kollekten-
Kollektiv; jetze wird fai
im Team ausgedimmt.

Der "Schnauzer" ist ihr
liebster Papi, doch leider
nicht der einzige.

Auch der Greifvögel
MäuseJagd bei Frost & Eis
ist kein Vergnügen.

Vollmündig zwar, doch
laufend eins drauf - da bleibt kein
Schimmer Glanz, nur Gnatz.

Tröstlich, daß es auch
auf Hawaii und in Grönland
Vollidioten gibt.

Kußfreiheit dies Jahr:
nicht ohne Ekelfleisch- und
Vögelgrippe-Schutz!

Lügen dümmlich, nennen's
Cleverneß und woll'n auch noch
    Lug-Trug-Rabatt.

Der - ein Börliner,
der Hämbörger, der Rollmops
mit Zwiebelringen.

Was heißt "getürkt"?
Hier wird ge-
            toitscht.

Wer sich ins Rampen-
licht drängt, muß sich halt auch mal
anrampeln lassen.

Wer ein mündiger
Bürger ist, nutzt sein Mundwerk
und spuckt auch mal aus.

Terror im Vormarsch:
Dieser Indio-Präsident
halbiert sein Gehalt!

Wie damals Castro:
verstaatlichte glatt zuerst
seines Vaters Farm.

"Wozu", fragt er, "ist
am Essen auch noch dieses
    Kalorienzeug?"

Schreibt Weltliteratur,
doch das weiß kein Schwein, weil
sein Werk streng geheim.

Nur Arbeit war sein
Leben, und nun hat er endlich
    ausgefaulenzt.

Wären nicht die
Sacralverweser, er fänd bestimmt
Zugang zu Gott.

Wunschlos in deinem
Schattenspiel, nicht heiß, nicht kalt -
so also sei es!

Auf die jenseits nicht
erst sich besinnen; die sind
permanent präsent.

Seltsame Schatten:
brauchen kein Licht, fliehn Sonne gar -
dämmerungshell.

Gar nicht gut, allzu
genau zu wissen, was gut
ist; macht nur einsam.

Sterne - sie künden
von Weltraumkälte; Nebel
hüllt immerhin ein.

Geht er auch seine
Feinde verlustig, vergeht ihm
    die letzte Lust.

Gepriesen sei der
Verein, wo kein Schwein weiß, wer
oberster Boß ist!

Der King war pünktlich,
doch der Lakei tat schlicht
fai de Uhr nich kenne.

Selbst Schmuddelkinder
West sehn sich als SauberKids
der DachEtage.

Sie haben bereits
nach der Mutterbrust wie nach
'nem Schnäppchen geschnappt.

Wartet nur, balde
wird mit euch global in Markt-
Chinesisch getalkt!

Hätt er 'nen Maso-
Datsch, er käm nicht raus aus dem
Dauerorgasmus.

Nicht der Stutentyp,
nicht die RackerRin - das Reh-
kitz-Kuschelmuschel.

Grad nach 'nem Orkan
flaggen Essen gern wieder
kerzengerade.

Aus der Siedlungslust
der Rodezeit wurde längst
Eingemeindungsfrust.

Erstaunlich, wie gut
manch Bürokabinett für
Grabenkämpfe taugt.

Zuerst die in Dreck,
Lärm, Frost, danach auch jene
Fetten in Sesseln.

Die "Zukunft" - na und?
Schon tags darauf wird auch sie
Vergangenheit sein.

Auf die Sünden spät-
abends, zum Beispiel auf 'ne
Griebenschmalzstulle!

So hat sich Satan
als Azubi in Himmelshöh
    qualifiziert.

Nix da: beißen
in den sau'ren Apfel! Das wird
gekaut & geschluckt!

'ne Beiß-Lizenz hat
nur der Wolf, der sich die
eig'ne Pfote abbiß.

Hat Hurerei zum
Hobby gemacht - und hat seitdem
sein Steckenpferd.

Gab diesem Deutschland
sein Gesicht, und das sieht folglich
entsprechend aus.

Wer gewohnt ist, sich
zu langweilen, der hängt an
seiner Gewohnheit.

Der Ernst des Lebens
hat 'nen Nachfolger namens
Ernst Friedrich Karl Ernst.

Eisberg Mensch:
                guckt, kommt's
hoch, mit 'ner Haarspitze raus
aus der Barbarei.

Doch wo, Götter, nehm
ich den Odem samt Mumm, Atem
        zu holen, her?

Dank dir, daß du an
den Zügeln, den eh straffen,
nicht extra gezerrt!

Schlägt keen Nagel nich
in de Wand, die Pflaume; is
nu ma dem Mann Seins.

Änd're Dein Leben,
tausch aus Dein Auto, steig flugs
um auf ein Mätsch-Box!

Gehn nicht mehr ins Bett,
die Ferkel, treiben's jetzt per
Eee-Iii-und-Uuu-Mail.

War bloß der Olga-
Virus, hat nicht gegen Irma
immun gemacht.

Danke. Bin nicht mehr
daran - und an allem drumrum -
        interessiert.

Weiß nun, daß "zappen-
duster" den saft-, kraft- und schaft-
losen Zapfen meint.

Eben noch Laternen-
licht, nun Dämmergrau; vorbei -
        die Verheißung.

Gelernt, allein zu
sein, ohne zu leiden; vermißt -
nicht mal sich selbst.

Unterm Unheil weg-
tauchen - wie unter Treibeis,
hoffend auf Sonne.

Keift aus seinem Dachs-
Bau, weil du dich, wenn's gewittert,
    in dir verkriechst.

War nicht der Heimweg,
den er abgekürzt, war ein
Gang in die Fremde.

Bist das Gegengift,
hilfst - wohldosiert - bei Alters-
        intoxikation.

Hast zwar recht, willst aber
doch wohl noch ein Weilchen
ungemobbt jobben.

Klug ist es manchmal,
sich dummzustellen; gilt als Art
    Weisheitsbeleg.

Helfen gern auf die
Sprünge - und bespringen prompt
die Sprung-Elevin.

Wußt gar nicht, daß ä
Gähn-Boy so dösig macht; muß
andauernd gähne.

Sie outen sich auch
in Bild und Wort: gekonnt, per-
fekt und
      hassenswert.

Dich nicht zum Sklaven
machen zu lassen, mußt du
dich selbst versklaven.

Kindesmißbrauch? Stimmt:
überall Kids als MarktStrich-
      Reklame-Muli.

Fernsehen bildet:
für TrendSeller-Ränge im
Global-Geblöke.

Eins sein mit deinem
Leib; auch hernach noch binom-
      monosensorisch.

Selbst in nordischer
Lärchen-Wildnis bringen sie dich
      auf die Palme.

Auch Stino-Blödheit
tut's nicht unter Größter
Blödheit aller Zeiten.

Des Daseins Katzen-
jammer führt zum Saufen führt
zum Katzenjammer.

Allemal lieber
Sex als Suff. Und hinterher –
versteht sich – 'nen Schluck.

Noch 'n Schenie, doch
nicht mehrheitsfähig – und nicht mal
'n Schenie-Klub.

Der Schäden Herr zu
werden, bleibt nur die Züchtung
resistenten Volks.

Platonisch ist gut
für den Appetit, doch möcht man
auch mal speisen.

"Sehr schön", lachte der
Ochse. – Ein Kälbchen hätt so was
    lachend gesagt.

Verbleibt im Plenar-
saal; hat schließlich 'ne Menge
Bordell-Erfahrung.

Wie gelangte bloß
all das US-Öl unter
arabischen Sand?

Da Al Qaida
bekanntlich Verstopfung macht -
drauf bis zum Durchfall!

Zeigen, wie schlau du
bist, ist in PISA-Zeiten
die größte Dummheit.

Nicht Grips noch Mundwerk -
die Mucki-Masse des kampf-
willigen Killy.

Da Sex so gesund
sein soll - los, tun wir was für
uns're Gesundheit!

Sich ausruhn - schön, doch
vorher sich austoben, spät-
sommer-toll, mit dir.

Hat ihn losgemacht
vom Nasenring, ihn anderswo
   fest angeringt.

Überläßt sich gern
ganz ihrer Hand, kriegt sie ihn doch
   gut in den Griff.

Wenn nicht reiten, dann
halt geritten, mithin zu Diensten -
   auch so dir nah.

Früh auf dem Fahrrad,
im Schmollflunsch 'ne Lulle -
wenn das nicht echt cool ist...

Statt Vogelgrippe
Vogelpest, und die Einschalt-
quote steigt enorm.

Läßt sich nie nicht das
Haar färben, bleibt bis unter
die Kopfschwarte schwarz.

Der Donnerschlag von
gestern: null-nichtig durch ein
Gewitter today.

Seit er in sie ein-
und ausgeht, kümmert ihn kein
anderer Türgriff.

Nach Düsternis und
Frost: Frühjahrsmüdigkeit bei
gleißender Grelle.

Ein Heine, Heinrich?
War der nicht vorm Adolf? - Da
hat er null Anspruch.

Mit dir sein: ein Leib,
die Hälften: fest konkav-konvex
yin-yang-verschweißt.

Erwachsen bist du,
wenn's nicht mehr drauf ankommt - die
letzten Minuten.

Im Würgegriff des
Alltags gehört Ersticken
zur Normalität.

Wie genial dieser
Knoten geknüpft war, den ein
Ratzfatz-King zerschlug!

Das Massaker von
Erfurt - das Highlight today.
Schaun Se, haun Se rein!

Wird der Kummer weg-
medikamentiert, bleibt zurück
   dunkle Leere.

Auch Sehnsucht kann sich
überfressen; dann ist dir
sterbens-matt-scheibig.

Bisweilen grenzt an
ein Wunder, daß es überhaupt
noch mal dämmert.

Das A-und-O der
Poesie: Geburtshelfer
Kondolenzler Sex.

Der eine hängt an
der Nadel, der and're an den
Samensträngen.

Wer beiwohnen will,
sollte halbwegs vertraut sein
mit Haustür und Haus.

Der Leib madonnenweiß
bereit, das Haar gelöst -
sein Laken-Altar.

Bist versiegelt in
meinem Herzen; der Schlüssel-Code,
sorry, versiebt.

Ähnlich dem Herztakt:
das postpubertär-skrotale
Lenden-Konzert.

Vor Geisterfahrern
wird mitunter gewarnt, doch
Fahrrad-Chaoten...

Streikstop wegen der
Vogelgrippe - na bitte,
sie werden aktiv!

AIDS, Krieg, Hungertod -
schön und gut, doch uns bedroht
Die VogelGrippe.

Das Anti-Vögel-
grippe-Set mit Voll-Kondom:
jetzt in jedes Haus!

Auch Frau Minister
denkt nach: über die nächste
Zuzahlungsstufe.

Manche Werkstraße
entlang weht derzeit eisiger
Nord-Ost-Süd-West.

Mußt schlucken, was dir
vorgesetzt, kannst freilich auch
freiweg verhungern.

Versinken in Trauer,
um aufzutauchen aus
konturlosem Schwarz.

Schrittweise Ballast
abwerfen, damit die Last
zuletzt federleicht.

Nachruhm steigt auf mit
dem Rauch - oder fällt steingleich
ins Bodenlose.

Mancher ist noch 'ne
Weile präsent auf gut präsen-
tiertem Granit.

Kannte sein Lebtag
nur VIP, ist folglich keiner
Top-Sau mehr bekannt.

Die ihm ihr Lebtag
gedient, hätte gen Abend
ein "Dank-Dir" verdient.

Heben ihr Schreib-Bein
an jedem Baum; der Fleck dort:
noch feucht - schon vergilbt.

Wichtig - der Schnitt, das
Weglassen; doch eh man streicht,
sollte was da sein.

Wollte immer die
Tür zuschlagen - und sitzt nun
draußen vor der Tür.

Dort Karneval - des
Fleisches Tal, hier Fastnacht -
Nacht vorm FastenHighlight.

Rio bumst und boomt
wie nie: enorm der Karneval-
Kondom-Verbrauch.

Sex fegt aus; leer: die
Abstellkammer Kopf - gleich dem
Besen-Zubehör.

Ach, des Greisenalters
Zweifel, Argwohn, Elend:
Meint die wirklich dich?

Wer bezweifelt, daß
Reden 'nen Sinn hat, soll halt
die Klappe halten.

Laß sie doch reden!
Solln sie sich ruhig selber
verbal entlarven!

Mancher bevorzugt
'nen sprechenden Blick - bei fest
geschloss'nem Auge.

Dem einen verschlägt's
die Sprache, dem andern zuvor
        die Erektion.

Apropos: Orgasmus:
Kommt's später, ist
        später Schluß.

Bleibt zu wünschen übrig,
bleibt Hoffnung; wunschlos ist
alles plattetti.

Weshalb spricht er erst als
Ex-Chef aus, was er als Chef
eisern verschwieg?

Alt bist du erst, wird
dein Blick-Wunsch-Hoffnungsfeld auf
Röhre eingeengt.

Jung ist, wer noch im
Alter nicht Kopf- noch Klöten-
Anreiz benötigt.

Geben sich Mühe,
echt häßlich auszusehn, und
niemand sagt: "Eh, geil!"

Wer Neues erheischt,
gräme sich täglich neu über
den gleichen Scheiß!

Und doch gibt's Neues
unter der Sonne: ab und an
and're Schatten.

Kommt Rummel von Ruhm
oder Ruhm von Rummel, Ei
Henne Hennen-Ei?

Kostet was, aber
rechnet sich bestens: der Welt-
Macht Kultur-Terror.

Auch Rom wurde erst
mit 'nem gewissen Hautgout
leidlich genießbar.

Mal wild, mal zahm, mal
lahm - ganz, wie sich's ergibt und wie's
    auch dir beliebt.

Erst Mittelalter
laif, nun Steinzeit-Boom-Boom per
Wurf-Mail in Keilschrift.

Ist wie Hochdruck-Sex:
Empörung; angestaut, haut sie
  mit Volldampf durch.

Kalkül der Stillen
im Lande: Irgendwer wird schon
aufschrei'n für mich.

Wird erst schön durch die
Liebe, doch der Frust datscht die
Schönheit tückisch an.

Stimmt schon, das war auch
unsere Schuld: daß so was
rübergeschwappt ist.

Frau hat freie Wahl:
zwischen Unterwerfung und
Subordination.

Dies Lidkissen-Säufer-
Sackgesicht für deine Stadt -
    drauf: prost und ex!

Wieder ein Kick-Klub
ausgeschieden. Woher nur
dauernd der Durchfall?

Ich bin, und das ist
gut so... bin... gut so... bin...
(Zapp-aus)
        Gott, tut das gut!

Profi-Weschi wescht
yorr Edelblech top-toper als
sein Arsch-Gesicht.

Höchstmodi-quali-
fuzzifiziert; macht willigst-
billigst den Affen.

Wer's nicht worts haben
will, schützt sich vielleicht vor
leidiger Gewißheit.

Tun's nur, weil Sex so
gesund ist - und vorerst noch
praxisgebühr-frei.

Seit er ihr Gutes
tut, ist sie sich selber besser -
und er sich auch.

Aus dem Ruhestand
bald in die Ruhelage;
schließlich
                rausgeruht.

Notwendig, also
gedreht und gewendet aus
Not, die wendig macht.

Fällt der Zwang weg, schießt
Unmut ins Kraut und wuchert
hecken-behaglich.

"Schaun mer maa!" sagt
die Kuh am Computer und käut
weiterhin wieder.

Was so scheppert beim
Gram-Brie, sind angeschla-
                    gerte
          Tassen im Schrank.

Tiefer als Träume:
die wachen Minuten vorm
Weckergerassel.

Ekelfleisch-Verfalls-
Datum deutsch: minutengenau.
(das Jahr gefälscht)

Busen-Wunder wirbt,
oben beinah ohne, für
Sex-mal GrundPreisFrei.

Schnippelt ihm einfach
das kleine -r weg, und schon
habt ihr ein Auto/.

Spricht nicht nur aus, was
man strikt verschweigt - nein, hat's
auch noch aufgeschrieben!

Nit nörr rausgeplautzt,
wos mer förr sich behält, aaa nuch
  aufgeschriebe!

Poeten neigen
oft zur Entblößung, sind aber
sonst kaum pervers.

Schlägst du die Augen auf,
wähnst du dich
                entwestet und
  wärst lieber blind.

Fortbildung gezielt:
Euro-Deutschland braucht Führer,
nicht solch Sozial-Volk.

Bundes-Kick hat Markt-
menschen-Recht auf Wett-Mafia-
    Prozente,
          Basta.

Sind doch auch bloß Markt-
Mänätschmänt-Mäks mit PISA-
    Intellenz-Be-Kuh.

Auf Alabaster:
Rosen-/Tulpen-/Nelken-Rot -
sogar ohne Sex.

Überlebt's Frost und
Frust et cetera, dann hat's
wohl tiefe Wurzeln.

Konzerngewinne
per Heuwender gewälzt, Hand-
harker freigesetzt.

Schön wär: der Feind im
eig'nen Land; doch haben die
dich längst enteignet.

Am selben Strang - und
ob und wie: am Strang, der Luft
und Lust dir abschnürt.

Der Landsmann: tot, der
Volksgenosse: dito; kein
VaterlandsBedarf.

Verlor ein Wort, ein
weises, und als er's wiederfand,
war's breitgelatscht.

Was gar zu glatt ist,
haftet schlecht im Gedächtnis
und kann
        entfallen.

'nem ungewasch'nen
Maul geht Schmutz nun mal leichter
über die Zunge.

Wer 'ne Gehhilfe
braucht, sucht sich meist Gott oder
'nen andern Krückstock.

1 % Über-
    lebensmittel, 99:
Sterbe-Dekor.

"Fabrikweg", "Friedhof",
"Platz der Einheit" - ach, diese
        Dino-Poesie!

Event "Glückauf!": mit
Stollen-Snack und Cola pur -
direkt vom Bergmann.

Mitunter entpuppt
sich der Schmetterling natur-
widrig als Raupe.

Währt der Beziehungs-
winter zu lang, gehn auch die
Klöten auf Grundeis.

Dauer-Sonne pur
läßt jegliches Porträt elend
rasch vergilben.

Weg, was angezweckt
gewesen; die Reißnägel:
fest im Gedächtnis.

Ist Ihm zu hoch: geht
über Seinen Bier-PISA-
Pisser-Horizont.

"Vasteh-ich-nich": der
Teller-Visa-Visionär-Schar
Weisheits-Schluß-änd-Schuß.

Witzig? Nicht partout.
Lieber wahrhaftig - und tunlichst
    mit bissel Pfiff.

Erfolglos, gewiß,
doch sinnlos - kaum; ein Trotzdem
ist oft Sinn genug.

Fehlschläge - mehr als
zehnmal zehn Finger, doch bleibt:
der Zehen Hoffnung.

Krebs erst mit siebzig,
da lebtaglang gern gegrollt,
gewütet, gespuckt.

Sparzwang total: Selbst bei
Feindseligkeiten muß man
            jetzt kurztreten.

Wünschen zungenflink
alles Gute. Schön - doch: Wer
soll das bezahlen?

Kann sein Gesicht nicht
leiden, weil sie die eig'ne
Visage nicht mag.

Manche Kuh ist zu blöd
selbst für das Kompliment
"Du kaust aber schön!"

Erst als verwelkter
Alterskastrat sah er manchmal
fast männlich aus.

Sich freu'n auf den Abend,
den Sonntag, den Ausstieg -
auf sonstwas danach!

Sich freu'n auf den Abend,
den Sonntag, den Ausstieg -
auf was denn danach?

Kann wer erklären,
wofür so ein Sack jährlich
zwei Mille einsackt?

Zwo Mille Freiheit,
MilleZwo-Demokratie,
Grund-Recht:
                    zwo Mille.

Und - ach!- der Kerzen-
halter Schar:
                    ausgediente
Saustall-Laternen.

Dem heldenhaften
KerzenVolk hat man gehörig
   heimgeleuchtet.

Orange, Lila,
Gelb sind durch; die Stars and Stripes
nun uneingefärbt!

Warst ihm sein Dasein;
hast ihn zum Schluß hin kaum mehr
als Wesen bemerkt.

Sein Freier-Präsent:
'ne Lende, gefüllt - tunlichst
von ihr zu leeren.

Wunsch-siech,
  hoffnungs-starr,
    alters-weh.

Schön - der Bergstraße
Schwung, anmutiger als Huf- und
  Bastschuh-Tapfen.

Ortsnamen-Gesang:
hier auf Muschelkalk-Wellen;
slawisch - der Refrain.

Der Blick aufs Ganze
gelingt nur durchs Astloch im
Brett vor der Birne.

Zusammenhänge
erfassen und ballen und -
wem denn
          wohin haun?

Ehrensache, 'nem
BörsenGänger tunlichst mal
ein Bein zu stellen.

Wiederholung, des
Studiums Mutter, ist auch des
Protestes Oma.

Zwecks Identitäts-
Zuwachs: Wahlen künftig nur
am 1. April.

Sei nicht so polit-
verdrossen, werd endlich ein
bißchen schadenfroh!

Manche verwechseln
in der Schwimmhalle Kraulen
mit Hau-den-Lucas!.

Noch ziemlich blaß, der
Junior-Unternehmer, doch schon
ganz schön blasiert.

Briefmarken: nur noch
Sammlerobjekt - und Brot bald bloß
Spenden-Köder.

SonderService der
Postboten-Konkurrenz: Brief-
Sofort-Entsorgung.

Im Alter wird Sex
nicht selten auch zum ortho-
pädischen Problem.

Wer sich mit Toten
identifiziert, infiziert
sich - klar, womit.

Wohl erst der Name -
die Diagnose - gibt Charons
  Schatten Gestalt.

Selten mal trägt die
Fähre illuminiert
hinüber ins Dunkel.

Herr, bitte, mach, daß
es allen, die's angeht, als
Erlösung erscheint!

Berührt - geführt, die
Macho-Devise, läßt offen,
wer letztlich wen.

Wennschon kein Einfall,
dann wenigstens täglich 'nen
Jahrhundert-Reinfall.

Zur Jahrtausend-Reform:
Sind Sie für Killo- oder
     für Killi-Gramm?

Knochenlos und gründlich
medien-bekloppt läßt sich's
     besser verbraten.

CD-Fahrer-Schreck
am Kurvenrand: wie das blinkt –
und völlig lautlos!

Wollt ihr den globalen
Aufschwung, dann gefälligst auch
     gehindukuscht!

All die feininger-
würdigen Kirchturmspitzen,
gelmerode-fern!

Schöne Landschaft ist
dort, wo die Füchse noch nicht
tollwut-geimpft sind.

Mußt halt die Nase,
die sich nicht küssen läßt, als
grob-porig abtun.

Spielt keinesfalls mit
dem Feuer, will sich nur mal
die Hände wärmen.

Hart geworden, war sie,
als ihr's drauf ankam, nicht mehr
    recht gepolstert.

Nimmst du dich selbst
nicht mehr ernst, wirst du von niemandem
    ernstgenommen.

Gewichtigkeit macht's
nicht leichter. Und ist nur Tara.
    Netto genügt.

"Geilheit" - wieso?
Wozu Natürlichkeit verbal
kontaminieren?

Nichts Passendes im
Sprach-Discount. Nennen wir's halt
"wunderbar sinnlich"!

Sich vereinen - auch
durch den aromatischen
Schweiß beider Leiber!

Fern-Weitsichtigkeit
erschwert oftmals den Blick für
das in der Nähe.

Kuschelecke in
Event-Schule: künftig hinter
Sandsack-Wällen.

Unter Wolke Sex-
bis-sieben: der Kriegspfad Null-
plus/minus fuffzehn.

Um sich abstoßen
zu können, muß man erst mal
beieinandersein.

Mancher Tränenfilm
hat Kontaktlinsen-Funktion:
Siehst schärfer
                final.

Grübelnd ergründeln,
auf den Grund - und aus diesem Grund
    zugrunde-
            gehn.

Kriegt nicht genug, wird
wieder und wieder flott
gemobbt, geneppt, geblitzt.

Sind doch Menschen wie
Müllers Kuh, möchten auch mal
widerlich käuen.

Gar nicht so einfach,
Zorn einzukochen. Auch Pökeln
macht sich nicht gut.

Blöd, dir aus dem Weg
zu gehn. Allein die Umweg-
Umstands-Kasperei!

Nicht alles klagt man
ein. Wer barmt, härmt rasch sich ins
erbärmliche Aus.

Hab nichts verloren
hier. Und hab - Gott sei Dank! - hier
auch nichts zu suchen.

Durchziehen - nein; durch-
zerren, bis daß es steckenbleibt:
        zwei Meter tief.

Interessierst zum
Schluß noch als Entsorgungs- und
Kondolenz-Objekt.

Lernen, Kind, lernen
im Zoo und per CD: dieses
WolfsWelt-Gekläff!

Was du jetzt wegwirfst,
ebendas wirst du - wetten! -
in Bälde brauchen.

Nicht eigentlich der
Petticoat - verklärt wohl mehr,
was damit wippte.

Wär gern ein Fan von
W.F., find keinen Zugang,
bin darob betrübt.

Nicht den Bestseller
today; sellt er best, sellt er
wohl auch noch morgen.

Das ist der Preis der
Majestät: Ihr Anspruch verwirkt
Brüderlichkeit.

Brauchst nicht mehr ernst dich,
nicht mehr wichtig zu nehmen;
kommt nimmer drauf an.

Kompromiß, also:
sich selbst - nein, nicht durch Kakao -
durch Jauche ziehn.

Eine Zwickmühle
ist arg, aber ein Zwick-Zwack-
Zwock-Zweck-Mühlsteingang...

Wer 'fünfundvierzig
Kind war, versteht sich nunmehr
als Alt-Kommunist.

Und nun die Hundert-
Euro-Frage: Warum'en
bist du nur so blöd?

Hör dir gern zu, mag
deine Stimme, mag manchmal
sogar, was du sagst.

"Siehst-gut-aus" ist zwar
der Heuchelei Number One,
trotzdem: Siehst gut aus.

Bringst es allenfalls
verfremdet über die Lippen:
"I' muuch dich fai."

Woher nur der Drang,
der Zwang, die Sucht, partout
darüber zu reden?

So gern man sich an-
lächeln läßt, so ungern läßt
man sich be-
            lächeln.

"Ich hab dich gern." - "Schön,
kannst mich gerne haben." - "Hm...
Du - du mich erst recht."

Will's auch verbal wissen,
fragt, obwohl er grad in ihr,
        ob er sie liebt.

Macht auf Matscho,
damit ihn "Frauchen" nicht beim Wort
oder sonstwo nimmt.

Gib dein Herzblut hin!
Kein Schwein grunzt Dank, doch bist du
dann leer und ledig.

"Grein-Donnerstag": als
Greinen ein Begriff und Grün
noch unanrüchig.

Fürs Vaterland 'ne
Null, für den Familienkreis
'ne Minusgröße.

Wer blind ist oder
blind sich stellt, taugt top zum be-
soldeten Seher.

Darfst greinen, schreien,
spei'n - wenn du zum Schluß nur
                    soufflierst:
        "Nicht zu ändern."

Gebt Herrn Minister 'nen
Rotzlappen! Er grämt sich
ob seiner Steuer.

Sparen: den Anblick
der Krätze-Plakat-Visagen
    sich ersparen!

Wissen genau, was
dir not tut: jeweils nur das,
was ihnen guttut.

Cabrio-lädiert,
mithin breitärschig-schick und
cool hirnkasten-flach.

Kurztreten? Okay.
Tret ich halt kurz und tret aus
aus euerm Verein.

Fragt sich nur, ob es
der Krebs sein wird, ein Infarkt
oder Fährmann X.

Beargwöhnt, verwöhnt,
verpönt - und doch hat, wer schreibt,
meist das letzte Wort.

Nein, Kinder sind nicht
so; derart vorlaut-versaut sind
    allenfalls Kids.

Vor dem Turnschuh-Schlumps
durch Ämter hat das die Kinder-
    gärten verhunzt.

Runter mit all den
Eierköpfen, auf daß bald
was mit Schnauz nachwächst!

Mancher hat drauf, noch
als Greis: den krummen Dackel-Blick
    schräg nach oben.

Nach dem Schlangenbiß
der Zungentrost: Auch meine
Brut ist nicht perfekt.

Wenn's klemmt, kreischt's nicht nur,
dann frißt sich's schnell fest und zerreißt
            dir den Antrieb.

Sich fit halten für
ein Zubrot - und den Gebrauch
eigener Zähne.

Zeitgeist verlangt auch
das Ave-Maria als
Nummer vom Laufsteg.

Wachheit statt "Wahrheit" -
mag sein, doch hellwach: letztlich
ins Dunkel starren...

Auch 'ner blühenden
Phantasie reifen oft nur
mickrige Früchte.

Wer urwelt-einsam
leidet, aus dem greint, schweigt, schreit's
unverfremdet nackt.

Wird's brünstig-vege-
tativ, drängt's zu herzig-
schnulzigen Ergüssen.

Ein geprügelter
Hund, der nicht mal knurrt, ist geballt
zuschnapp-bereit.

Eifersucht - des
Neides Blutsverwandte aus dem
Gonaden-Keller.

Schreiben alles klein,
tarnen so tunlichst ihre
Denk-Rechtschreib-Schwäche.

Haben echt 'nen höchst
persönlichen Stil: stottern sich
        von Wort zu Wort.

Nach dem Tod kommt
die Rechnung für Sarg, Grab pp. -
kurz: fürs Entsorgen.

Ein umgepreßter
Arsch - sein Gesicht. Und hält das
auch noch für Werbung!

Wie der übern
Brillenrand guckt - da bleibt nur:
Deckel zu und
            Spülung!

Wer nur hat denen
weisgemacht, ihr Anblick sei
magen-verträglich?

Machen, scheint's, auf
Wahlkampf-Entblößer; sind de facto
Wahlkrampf-Verblöder.

Haben kein Händchen für,
pfäddeln, hudeln, pfuschen
und nennen's "Reform".

Gott war im Weg schon
jenem
        Marquis "vernunft-Frei
retour zum Trieb-Tier!".

Klar doch, gesund ist
krank, und TopReal-Sprachorgan
ist der Mastdarm.

Zu alten Knochen
braucht's ein stabiles Muschel-
Gewohnheitsgerüst.

Wer sich gern sorgt und
grämt, der schafft sich Kinder an -
samt Enkel-Folgen.

So sei es denn Haß!
Hoff ja nicht auf Milde et
zittera piß-piß!

Nein, Lippen-Samt tut's
nicht. Ich will unersättlich
dich, dich
                bis aufs Blut.

Sieht zwar noch nicht wie
ein Fußball aus, tät aber
'nen Tritt vertragen.

Zentgraf? Wie unzeit-
gemäß! Wennschon, dann wenigstens
            Euro-Baron.

"Ältere", okay,
aber "Herrschaften", Sie voll-
verbürgter Bürcher...

"Einsamkeit", sagt er,
"macht wunderlich, und das ist
gar nicht wunderbar."

Lärm-Schwerhörigkeit:
passé; im Trend: das Arbeits-
platz-Verlust-Syndrom.

Auch zum Kündigungs-
schrieb: künftig die obliga-
torische Rose!

"Hier ist einer des
anderen Teufel, aber
das bleibt unter uns!"

Launisch-depressiv:
gezeit-gemäß; doch was ist ihr
        Ebbe, was Flut?

So richtig haut's hin
nur, wenn's paßt auch zu ihrem
Mondschein-Kalender.

Vorsicht! Sagen sie
zum Beispiel "Mensch" - immer fragen,
was gemeint ist!

Sieger? Die doch nicht!
Die baggern sich erfolgreich
ihr Neandertal.

Hippokrates?
War das nicht der Kassenwart
auf 'nem Pillen-Basar?

Stabsbefehl: Schießlärm
schädigt nicht. Taubheit macht sich
gut am Hindukusch.

Zum Girls Day: die Fan-
Lizenz in Sachen Weh-Emm-
Trikot-Farbdesign.

Wie ein gezauster
Spatz; da braucht's erst mal ein Dach
aus meinen Händen.

Schlafen - klar - mit dir,
aber durchaus auch wachen
an deiner Seite.

Seit die Zone im
Sack, braucht's auch nicht mehr Radio-
Strahle-Force gen Ost.

Im Alter welkt das
Lebenstalent: Ausreden
fall'n immer schwerer.

"Wladimir, mir
brauche dir." - "Für Euro, Drusja,
sind wirr immerr da."

Verwechselt Promi-
nente mit Promille und
Prolet mit Prozent.

LKW mit ABS -
a Leberkäsweck mit
a bissel Senf.

Flauers änd Swiets vom
TankstellenShop: riecht und schmeckt
allents nach Diesel.

Porno - okay, doch
bitte keinen, der sein Ge-
schäft macht,
                nudelnackt!

Manche Witwen
leben weiter, and're folgen
dem Sterbe-Gebot.

Schönster Schlager
aller Zeiten: ein echt ge-
hämmerter Faustkeil-Hit.

Dem blödsten Nöler
aller Sender: die PISA-
Wander-Laterne!

Pokal-Spieleland:
probehalber im Kleinen
Ausnahmezustand.

Sonder-Schutzzone
für farbige Kicker: nur
bis zum Spielfeldrand!

Das lauert in der
Hängematte; da hilft nur
scharfer Heimatschutz.

Hat zu oft und zu
heftig verneint, und nun schreit's
aus ihr: Ja, ja, ja!

Magst du nicht recht,
sag dir: Ich mag, ich mag - bis dich's
vollendet anstinkt.

Freiwillig kostenlos,
auf daß Freisteller frei
einsacken können!

Selbst 'ne Spende dran
vorbei verlängert (und rechtfertigt)
                    drüber das.

Geht's nicht mehr weiter,
kriecht's vielleicht noch 'ne Weile,
und liegt dann
                    halt da.

Ist kein Unhold an sich,
muß terrorisieren
auf Wallstreet komm raus.

Willst du dauerhaft
täuschen, brauchst du 'nen Panzer
als Nervenkostüm.

Nach dem Sonntag: die
De-Montage (heldisch-wendisch:
    MontagsDemo).

Guter Wille - bei
schlechtem Gewissen - macht miese
Volksbeglückung.

Von der Seele - schwarz
auf Papier, damit du die
Last erst mal los bist!

Den Dachboden ent-
rümpelt - und all den Müll 'nem
Nächsten aufgehalst.

Lag auf der Seele,
ist weg, hinterließ aber
schwärende Leere.

Warst herrlich leuchtende
Natur. Nun perlt alles
von der Hornhaut ab.

Ist die Sonne weg,
verblassen die Farben, und
der Tag bläst Trübsal.

Die Geiseln frei, und
der Demo-Hühnerhof
umsonst aufgeplustert.

Bei so 'ner Demo
weiß man nie, tropft 'ne Kerze
oder 'ne Nase.

Heldenstädter gehn
noch auf die Straße, wenn sie
längst darauf liegen.

Noch nicht mitgekriegt,
daß Kerzen-TopEffekt der
Stearin-Fleck ist?

Selbst höchstmögliche
Aufrichtigkeit braucht ihre
Dosis Schwindel-Schmu.

Wichtig, wie du die
Rolle rüberbringst und ob
sie zur Szene paßt.

Echt überzeugend
wirkt, wer, was er grade mimt,
bis aufs Komma glaubt.

Typisch grünliche
KräuterschnapsIdee aus 'nem
Öko-Wasserglas.

Mit Krampfadern auf
du und du, doch baß erstaunt, daß
so was
        Krämpf macht.

Wird die gewählt, braucht
sie 'ne Parlamentsbank - breit
wie ein Busparkplatz.

Mit dieser Wampe
bespringt der nicht mehr, und Be-
wälzen schnackelt schlecht.

Viel zu hübsch für ein
Wahlplakat - und noch völlig
mandatswarzenfrei.

Gab am Traualtar
ihm lieblich Wort & Hand - den
Daumen obendrauf.

Frühling ist, wenn lind
die Lüfte - und nur mäßig
gülle-angehaucht.

Woher nur Jahr für
Jahr trotz alledem der Blüten
   Optimismus?

Noch unanrüchig-
krötenfrei: -grün als schöner
OrtschaftsNamensSchmuck.

Den Laster-Knechten
der Autobahn: zähneknirschend
Respekt - mehr nicht.

Relativ reich: im
Dunst der Dörfer ringsum, doch
letztlich ein Bergnest.

Kein Gebirgswall - ein
gesäumter Höhenzug als
Kurort-Kulisse.

Ein Bach, der rauscht und
nicht riecht, Wind in den Gassen,
Kühle gen Abend...

Bleibt OstKlamotte -
trotz der paar NeonFlicken
WestAccessoire.

Hat sich subquali-
fiziert: vom Tränensackträger
zum Tränensack.

Klar, daß hier der Hund
begraben. Fragt sich, woran
der Köter krepiert?

Was einst Fürst Bismarck
zugestand, wird jetzt von Canclern
    wegreformiert.

"Wahre Berufung" -
wo nur war das, Erleuchtet-
Bewegte, einst
        Muß?

Berufen? Und ob!
Zum Stoßtrupp 'ner Pharma-Kammer-
  Kassen-Lobby.

Ach ja, die Ware
Berufung! Genügt ein Viertel
zum Punktwert-Preis?

Den schönsten aller
studierbaren Berufe:
derart markt-verhunzt.

Ging auch schon anders.
Und geht noch immer: wallstreet-fern/
     sierra-nah.

Haben dir, Gottfried,
eilfertigst vergeben; hast
dies Pack
       persiliert.

Verkannte, die dran
zerbrochen - heut nicht mal Moder
im Deutschen Wald.

Ermattet deiner
Augen Glanz, erblickst du bald
bloß noch Dürftigkeit.

Sich schämen? Vor wem
denn? Etwa vor diesen Markt-
Hohlkörper-Nulpen?

Gestern Eichen
rausgerissen; heute reicht's kaum
für ein Radieschen.

Sei so lieb und gib
den Anschein von 'nem Anlaß,
beleidigt zu sein!

Gewählt? Nein, nicht
den Schleimbeutel - die Runkelnase;
wie heißt sie gleich?

Zur Zeit der Roten -
farblos; erst unter denen jetzt:
     röter denn rot.

Wehe, es schnallen
diese Kids mal den Begriff
"Werte-Gesellschaft"!

Schäbig - der Erfolg,
der sich schämt
          seiner Eltern,
der Niederlagen.

"He is a success." -
"Er ist ein Erfolg." (Nicht etwa
was auf zwei Beinen.)

Gnade? Na schön. -
Obwohl die, kommt's rum, keinerlei
Gnade verdienen.

Dort Oleander,
hier Weißdorn, gleichfalls begast,
auf Mittelstreifen.

Nach der Wahl: lange
Gesichter: Polit-Masken,
    reparatur-reif.

Milchstock Löwenzahn,
schöner Feuerkopf, unterm
Pflicht-Joch jung ergraut.

Wozu verständlich
und schlicht, wenn's yankeesch-verquast
auch her- und hinhaut?

Haben Heilkunst zur
Hure gemacht, wünschen sie
dennoch engelgleich.

Nachfolger der Wahl-
Visagen: Erotic-Spargel-
   Unterwäsche...

Sehnsucht im Mai nach
dem Februar, folgten dem doch
   März und April.

Nur bis zur nächsten
Krümmung! Weiß nicht, was danach;
will's auch nicht wissen.

Das Abonnement
abgelaufen; die Bühne
leer, eiskalt der Saal.

Daß selbst die Haut nicht
abschalten kann! Schaudert auch
unterm Sonnenschein.

Cleverneß-Gebot:
Bundes-Pfusch als High Tech Teutsch
verpossemicheln!

Hat sich Gedanken
gemacht, sagt er. Fragt sich nur:
Gedanken - womit?

Neue Länder Teutsch:
BreitTritt, prominziell, PISA-
piß-EURO-eutrig.

Die schönsten aller
Pleiten: Deutsch-Deutschland über-
morgen. Anpfiff heil!

Wo's täglich uner-
träglich dröhnt, ist unerhört,
was still daherkommt.

Schlangen beißen nur,
greift man sie an; drum sind sie
fast ausgerottet.

Schleicht pechschwarz durch Grün:
'ne Katze - eigentlich; doch
bei diesen Farben...

Unterm Unwetter:
froh, nicht im Regen zu stehn,
gar Gewitter-Fan.

Ackerstädtchen, non-
perfect: Garagen-Scheunen-
Häuslichkeit today.

Der Fliederdolden
Üppigkeit, der Weidenknorze
gesträubtes Haar.

Den Höhenrücken -
ja: streicheln, mit dem Blick - nicht
partout besteigen.

Des Wonnemonats
Blütenpracht kaschiert selbst Wahl-
und Werbe-Gaggel.

Poet G.M.: längst
tot - bis auf
eine Zeile;
die stirbt erst mit mir.

Hätt man malochen
gemußt gleich Altvordern, wär man
längst ausrangiert.

Auch kreuzlahm kannst du
kujonieren, am besten
chefsesselgestützt.

Den Piesack erkennt man
nicht unbedingt am Doppel-
kinn-Sackgesicht.

Verwaltung stirbt nie aus;
die pflanzt sich per Sesselwind-
Betäubung fort.

Auch geschwätziges
Verschweigen klappt am besten
per Muttersprache.

Wennschon alt werden,
dann wenigstens wie ein
Waßnußbaum-Veteran.

Was den Greisen ihr
Krückstock, ist den Teenies ihr
Ohrschmalz-Verstärker.

Was der Förster markiert,
wird abgeholzt, aber
Schandflächen, besprayt...

Er-folg, Er-frischung,
Er-holung... Muß alles Er- sein,
-folg, -frisch änd -hohl.

'ne Brutal-Reform,
und Mallorca gehört zum
Wahlkreis Groß-Berlin.

Heben nicht das Bein,
lassen aber Profi-Pinkler
neidvoll schnuppern.

Völkerfreundschaft - wie
hehr! Doch wo man dich neppt, stinkt
   dir die Fremde sehr.

Wo se reich sinn,
nimm dich in acht! Reiche wollen
viel und immer mehr.

Die "Befreiung!" schrein,
meinen oftmals bloß: Weg da
von unserm Markt-Trog!

Wo prolo-PISA-
nisiert wird, sieht's mau aus mit
fürstlicher Manier.

Das radelt und joggt
auch auf dem Jakobsweg - weit
mehr als es pilgert.

... und Bergen Cantabriens
Gesichtshaut vom Schädel
    carreteriert.

Taugt nicht recht für 'ne
Vernissage: was Gott am Montag
    in Fels geritzt.

Jedes Paradies,
scheint's, schminkt ab: handbreit hinterm
Vorzeigestreifen.

El Camino, der
Leuchtende Pfad zum Brückenkopf
                    Iberia Nord.

San Diego war vormals
Star-Legitimations-
Import in Christo.

Dies Religions-
Implantat hat fürwahr wunderbar
Wurzeln gefaßt.

Man kann ja auch alt
sein, ohne deppert den Rad-
fahrer zu geben.

Nirgendwo wuchert
Vaterland so üppig wie
dicht hinterm Grenzzaun.

Auch auf der Alm
mäht Nebenerwerb heutzutag
mit dem Benziner.

Verschnauft sich der Wind,
jauchzt auf der Grillen Mono-
schrill-Disco-Konzert.

Subbotnik vorm
Ameisen-Schlupfloch, Brotkrumen-
Manna zu bergen.

Es gibt alleweil
viel zu sehn. Schließen wir also
fest die Augen!

Pinkeln auf den
Bürgersteig - ihr Protest wider
die Scheiß-Bourgeoisie.

Neppen - okay, doch
siempre keep smiling plus Ticket
    gentlemanlike!

Majestätisch - die
Bergwelt; gigantisch - Straße und
Strom-Draht da hoch.

Markt hat nichts mit Ge-
sundem, nichts mit Menschen, nichts
mit Verstand zu tun.

Nur bis zur nächsten
Kirchturmspitze, hier aber
jeden Ziegelstein.

Hinter der Kirche
scharf rechts - das archaische
Wegweiser-Gebot.

Hebt zwar nur 'ne
Kelle, steht immerhin aber noch
   in Lohn & Brot.

Vor Auto und Tank-
pistole gab's Pfade, Pfade -
   arteriengleich.

Macht der Himmel 'nen
Montag blau, haben bald die
Wolken 'nen Kater.

Hat's Gottvater mal
satt, hebt er einen mit seinem
    Kumpel Donar.

Flucht ER, dann meist in
drei Teufels Namen auf das
Sunshine-Gequake.

Nach dem Fest ist nicht mehr
vor dem Fest, ist erst mal
        festlose Senke.

Da der Erbfeind im
Stehen strullt, macht man auf Non-
Stehpinkler-Nation.

Silencio - geschwätzig,
Stille - zu fad, ticho -
gebieterisch schön.

Mit dir - am liebsten
auf Straßen dritter, also
unserer Ordnung.

Wennschon mal Pathos,
dann irdisch, am liebsten vor
üftigem background.

Stiften Brände, auf daß
Asche von underdogs ihr
Top-Mistbeet düngt.

Brandstiftung, Flußdressur,
Krieg: läuft manchmal den Machern
arg aus der Hand.

Den einen zieht's in
die Heide, den andern - Pardon! -
auf die Heidi.

Der Berge Leo-
pardenfell, der Pfingstrosen
Plüsch unterm Fenster.

Die hübsche Ringel-
blumen-Deern und die Comtessa
de Akelei.

In manchem Bergnest
haben selbst Schaufensterpuppen
echt Gänsehaut.

Verzogen nach
cementerio Ost
letzte Reihe / Schließfach
ganz links

Wär's dort unten nur
nicht so kalt, und könnte man
wenigstens kuscheln!

Umweltschutz macht sich
optimal mit viel Umwelt,
die wenig Schutz braucht.

Bin nicht turisto-
promisk; mach's am liebsten mit
        Iberiacita.

Machen's den Echsen
nach: wärmen sich auf, solang
el sol noch umsonst.

Viel Wohnungen sind
unterm Himmelszelt; kannst nit
alle bewohnen.

Auch Pilgerstätten
kennen Großkampftage mit
Vehemenz-Verkehr.

Praktizieren auf
'ner Steinbank Nächstenliebe:
voll zeitgeist-konform.

Lagern sich vor der
Kathedrale - wie der Muslim
   in der Moschee.

So viel Zierrat um
den schlichten Fakt: Gott ist Mensch,
Mensch Gott geworden.

Brauchst keine Wieder-
kehr, da du's in dir trägst; kämst
dennoch gern wieder.

Auch 'ne Idylle braucht,
eh sie was abwirft,
Betonmisch-Maloche.

Pur urwald-urig,
doch ohne - igittigitt! -
Schlangen und Mücken!

Wennschon fremd, dann wild-
fremd! Sonst wird gleich ein Vertrautheits-
Plus draufgedrückt.

Mein Menschenrecht: zu
vergessen, was dir merkenswert -
und umgekehrt.

Manch Name ist heilig.
Drum: Emilio Zapata,
nicht Emil Schuh!

Der Worte Glanz und
Patina, der Sprachen Mille-
    Ton-Melodien.

Feldsteinmauer am
Ackerrain - dem Rodefleiß
    ein Memorial.

Und dem Patenkind
Mais sein horréo - schön luftig
unterm Steindach.

Arschloch ist Arschloch -
egal, ob weiß, schwarz, gelb, grün,
rot oder lila.

Die Luft hier: von
Autoexkrementen dick -
mierda urbana.

A Coruna setzt
befürchtungsgemäß dem Dys-
streß die Krone auf.

Haben in Augsburg,
Kiel, Bingen malocht: als
WunderwirtschaftsFutter.

Der Väter "Kleines
Glück" - dort auf dem Flachdach links;
rechts: die Hypothek.

Ist seit Jahrzehnten
zurück, hier im Joch und dennoch
el alemán.

Im Nebel guckst du
zweimal hin - und siehst auch mit
dem Dritten Auge.

Wo alles eh schon
sonnenklar ist - wozu dort
noch 'nen Geistesblitz?

Die Fenster blind, die
Pforte morsch, schartig Gemäuer -
ach, altes Haus...

Manch Stein fand Verwendung,
wieder und abermals, und
lebte so fort.

Per Blutbeutel, prall
wie Masthuhn-Kadaver, zum
Tour-de-France-Trikot.

All die Profisport-
Ganoven: breitgelatscht und
an die Wand gepinnt!

Mekka, Santiago,
Lourdes - alles Last Minute
ruck-zuck erreichbar.

Keine Zeit für den
Ganz Großen Traum; Sehnsucht
quick
        mundtot gemacht.

Auch der Einsiedel
braucht halt Schlafsack, Handy und
Anti-Mücken-Spray.

Hinter 'ner Kurve
die Diagnose; der Rest:
chemo-mehltau-grau.

Die Ahnen stattlich
an der Wand, der Nachfahr mit dem
Rücken zur Wand.

O Täler weit, o
Leere breit! Weg, nix wie weg -
hin, wo es menschelt!

Hier sagen Füchse
einander "Prost!" - und wühlen
zur Nacht in Restmüll.

Fahrt doch links weg: mit
Vollgas und Hup-Hup-Hurra!
Ist genug Abgrund.

Zynismus rächt sich;
die Strafe folgt oft prompt
dem fiesen Zungenhieb.

Erst was dich nicht mehr
magisch anzieht, ist abge-
lebt und wohl vorbei.

Süchtig: Iberien ver-
fallen. Da hilft vielleicht 'ne
Erschöpfungskur.

Wirst nie alles los,
doch in den Resten nisten
auch neue Träume.

Die vorerst letzte
Sensation: Pappelflaum von
Milliarden Küken.

Solche Sonntag-
nachmittagsödnis wär Grund genug,
nie jung zu sein.

Halb noch Kinder -
bis sie älter werden und wieder
voll-
      kindisch sind.

Pantherbäume,
rheuma-knotig, der Rioja
Lauben-Baldachin.

Träume derer vor dir -
verschwiegen, verweht,
Geheimnis geblieben.

Kosmo-Hightec im
Handy. Da kannst du teenysch
bla-bli-blo-blubber.

Städte als Trainings-
strecken. Hier wird fit gemacht
für Terror-Horror.

Rauswärts - geht nicht; wer
drin ist im Loof-Koof-Käfig,
looft änd looft änd kooft.

Der durch sie hindurch-
geht, der Wind - nicht mal er ist
hernach derselbe.

Bergnester - reizvoll
für jeden, der Geier und
Geier-
          Scheißpreis mag.

Landluftgenuß: nur
per Duftverstärker mit dem
tiefen Asthma-Aaah!

Neo-Städter, in
allen Augenwinkeln noch
DorfkindheitsReste.

Auch wenn man sich nicht
setzen muß - 'ne Bank unterwegs
ist 'ne Wohltat.

Doch auch im Frust-Rush
zeigt irgendwer uns den Weg
zur Kathedrale.

Geheimtip Buch-Shop,
doch bald schon mittels Ohr-Clip
zum nächsten Bordell.

Nichts im Kopf, nix im
BH, doch auf dem Hüftwulst
ein Knutschfleck-Tattoo.

War wieder mal Zeit
für 'ne Aus-Zeit mit langer
Kollateral-Time.

Zwar nicht ein Sterz
und eine Stele, passen aber
eins ins and're.

Hast armer Leute
Norm noch im Hinterkopf - und
wieder vor Augen.

Wer in Pfennig
        denken gelernt,
denkt auch in Euro
        pfennig-gemäß.

Nicht Geiz, nicht geil. Ist
Elefantenstandbein plus
Enten-Eleganz.

Hockt da in Berber-
kluft, formt Blumen aus Draht und
Müll, lächelt zahnlos.

Weist den Weg - freundlich,
fast eifrig, noch unberührt,
scheint's, von Lug & Trug.

Schlaff-blasiert rings um
das, was man anderenorts
auch "Rotz-Bremse" nennt.

Wind, Spießgeselle
der Kälte, treibst Pilgervolk
an Geier-Krippen.

Wo käm Markt denn hin,
gäb's nicht auch Gottessucher
der Luxusklasse?

Sie: Akelei, er:
Ginster, und 'ne Zikaden-Band
zur Sommernacht.

Wennschon kein Tag des
Buches, dann wenigstens 'ne
Stunde der Buche.

Haben Edel-Weiß,
sonst nix am Hut,
      drunter dito
      Edel-Weiß-Scheiß.

Kann dich riechen nicht nur,
bin verrückt nach deinem Duft -
      ja, auch danach.

Hören und sehn - nicht
unbedingt; dich spüren, dich
mir einverleiben.

Die Dame ohne
Unterleib, das Eiland ohne
Mehrwertsteuer.

Namhaftes Bergnest,
zur Hälfte zugeparkt, zur
Hälfte Käserei.

Daß Gründer-Patres,
porträtiert, so komisch ernst
dreinschauen müssen!

Der Mitmensch freut sich,
grüßt du honorig ihn, nicht
neo-stink-salopp.

Der Pinkelstrahl im
flirrenden Licht - ein schillerndes
Lebewesen.

Zwischen Felswand und
Absturz: eidechsengleich Zukunft
über den Weg.

Gibt sich als Rinnsal
im Geröllstrom, den Fluten
vor ihm hergewälzt.

Jetzt Rio seco,
doch wehe, dort oben der
macht Pinkelpause!

Was sind Manhattans
Schluchten schon im Vergleich zur
Klamm der Ésera?

Lieber in dichtem
Milchstraßen-Netz als auf hohem
Solar-Trassen-Seil.

In Gottvertrauen
schwindelfrei: Hütten-Horste
auf Felsnasen-Grat.

Laß fahren dahin;
es bringt nicht Gewinn, hat nicht
Sinn, kost' bloß Benzin.

Wo du hingehst, da
will auch ich hin - vorausgesetzt,
der Weg ist okay.

Kippt das Klima, kippt's
nicht allmählich; dann kippt's ruck-zuck
    und geht zu Bruch.

Steinmetzsproß: hat
Sein LebensWerk - ein einzig Wort -
kunstvoll gemeiselt.

Schmalspur-Poet
auf dem Lauf-Hochrad hoch vier: läßt
nur Schmalspur gelten.

Und die Welt nahm hin:
diese Number One und der
Weltmacht Flug gen Null.

Wohl jeder Großmacht
Höhenflug mutiert - gottlob! -
zu 'nem Höhenfluch.

Ostblock kapuuut, doch
der Ostschock sitzt tief, und in
West-Südost ballt sich's.

Vielleicht war dies Wild
Ost infiziert, und West hat
sich siech-gefressen.

Flamenco, sagt er,
sei fürwahr mehr als leiden-
schaftliches Geschrei.

Ist, sagt er, wie In-
einandersein: je älter, je
länger, je lieber.

Beieinander ruhn,
miteinander schweigen, für
einander da sein.

Gießt Stauden und Lauch -
klar: auch ein paar Blumen -, verübt
keinerlei Leid.

Der Fels zwischen den
Feldern bezeugt den Sieg von
la vega, der Flur.

Turismo rural
dank Euro-Sprenkler, doch keine
Husche fürs Feld.

Die Abendsonne
vorm Pyrenäenwind - ein
spanischer Kamin.

Störrischer Halm mit
der blauen Rispe: Lavendel,
Süd-Sommer-Duft...

Und die Gräser am
Weg und die Staub-Fanfaren
und der Stein, der schweigt.

Pyrenäenort:
18.000 Seelen, 4 (vier)
        librerías
        (Buchhandlungen)

Manch Schwindelei läßt
tiefer blicken als triefäugig-
        pure Klarsicht.

Würde Ehrlichkeit
sich lohnen, wär die Steuer-
erklärung ein Klacks.

Schreiben am Lenkrad:
Schäfchen-Zählen, ohne 'nen
Wecker zu stellen.

Einst Vollblut-Tramper,
nimmt er heut niemand auch nur
hundert Meter mit.

Problemlos - der Weg
von Spanien nach Madrid, doch
vor Ort ein Parkplatz...

KRadfahrer-Konvoi:
hier ohne Stahlhelm und ohne
Sturmriemen-Kinn.

Mimte karrierelang
Prä; postum nun ein Opern-
Orgassimo.

Periodistas
mit gelifteter Tränen-
sackErgriffenheit.

Arme Tochter der
actriz! Nicht 'nen Lidschlag ohne
actristeza.

Und den Eidam grämt
gar sehr: dieses Ruhmes nahes
   Nährwert-Ende.

Vielleicht denkt übers
Jahr noch mal irgendwer an
Rosita und seufzt.

Wunderbar, bewahrt
und umjubelt Volk, was nicht
global gedisneyt.

Katalan ist nicht
nur Randale, ist auch Wohlklang
  eigener Art.

Polterabendge-
baller, auf daß der Bräutigam
macho-geweiht.

Tritt ein und verweile
im Vorfeld von Lourdes, bis
der Bus dorthin naht!

Fast moscheehaft: das
Kirchschiff; Sphärenmusik:
missionseifer-frei.

Gelernter Ziegen-
melker, jetzt am Euro-Euter:
mit AbsahnSoll.

Lobeshymnen er-
müden rasch; Lästergesang
massiert das Gemüt.

Charme - na schön, aber
bitte nicht als Schäbigkeit
mit Allür de Lüx!

Am Paß - kein Gebüsch,
sich dahinter zu hocken,
und das bei Fernsicht!

Hatten wohl auch 'nen
Tell, doch erschoß der - mangels
Geßler - 'nen Ochsen.

Erprobter Autist:
schleicht dahin, hinter ihm 'ne
Giftschlange aus Blech.

Hier wie daheim: des
Vorschülers Fuhrpark - bildschön
auf 'nem Campingtisch.

Spalier aus Blumen-
töpfen am Straßenrand: ein
Traum -
          trotz mancherlei.

Trauma bleibt Trauma.
Psycho-sezierst du, kommt
zum Traum ein A wie Alp.

"Riecht nach Pilzen." - "Nein,
nach Heu." - "Gut, nach Pilzen wie
Heu, das verschimmelt."

Andorra wie Lourdes -
Kommerz irdisch / in Christo -
jeweils in Höchstform.

Die paar Menú del
dia - was bleibt da für Koch
und Kellner und... und...?

Auch im schönsten Bett
muß man sich mal lagern, kann man
     nicht ewig stehn.

An dir geht alle
Schwere mir aus den Knochen,
oft auch aus dem Kopf.

Wer -zigtausend Jobs
beschafft hat, verdient - bei Gott! -
die Heiligsprechung.

Vis-à-vis mit so viel
Rollstuhl-Elend wirst du
still und schlicht dankbar.

Phantastisch: das Drum-
herum, 'ne Welt für sich, doch
sekun-tert-quartiär.

Vielleicht stiftet mal
irgendwer die Lehre pur:
Gott-Mensch und Mensch-Gott.

Frühe - das war einst
Aufbruch, ein neuer Tag, alles,
    was vor dir lag.

Nicht heimkehren - nicht
diesen Kreis, nicht die Tür, nicht
die Augen schließen!

Nicht mehr neugierig;
erpicht zu hören, alles
sei noch beim alten.

Beinah froh, wenn nichts
ärger als gestern, wenn das
Welt-Gebälk noch hält.

Jene danken fürn
Obrigado, die hier be-
kritteln dein Merci.

Auch Wohlklang wird -
gleich anderem Bonus - durch
Arroganz entwertet.

La jeunesse doreé -
nicht mal vergoldet; per Handy
bla-blech français.

Was denn - Korkeichen
vom Alentejo, ihr hier
in Aquitanien?

Mittwochvormittag -
paradiesnah: ein Werktag und -
nicht in Eden.

Die Zoll-Autobahn:
schnellster Weg, Land & Läuse
kennenzulernen.

Sie nehmen's von Toten,
doch notfalls tut's auch 'ne
Leichen-Anleihe.

Parkplatz - bei Nebel
des Nachts noch gebührfrei:
das Hafenbecken.

Wennschon, dann lieber
Baustellendreck als Staub, den
ein Bar-Knilch abzockt.

Nein, Gernika ist
kein Souvenir-Stick. Und wenn,
wär es
        Einkehr wert.

Bakearen Hiria -
Ciudad de la Paz -
Stadt des Friedens.

Nach 'nem Höhepunkt
braucht's Mut, unten im Alltag
Anlauf zu nehmen.

Ruht nicht auf Lorbeer,
ruht bestenfalls mitten im
Mulch, der Humus wird.

Daß nicht selten manch
Lebensfaden ruhmreich Mitte
  der Dreißig reißt!

Vision: Wer 'nen Park-
platz hat, bewahrt ihn und fährt
nie nich kein Schritt mehr.

Hat sein Stück Rasen
frisch markiert und folgt nun
ergeben dem Herrchen.

Hilft der Älteren,
das Baby wiegen, übt so
schon mal ein bißchen.

Zwei im Trennungsschmerz ,
trauergleich, und 'ne Dritte
guckt zu wie im Zoo.

Komm her, Alter, nimm
Platz - hier, wo du nicht tun mußt,
als wärst du noch jung.

Alles Lug, alles
Trug; zum Schluß bleibt nur Sehnsucht,
sirenenton-schrill.

Aufgewacht und ab-
gestürzt. Kein Traum mehr. Alles
  leer, fort und vorbei.

Kein Bild mehr, nur noch
Stimmen. Hör dran vorbei! Das macht's
  weniger schwer.

Klappt den Läpptopp auf,
schluckt zwei Tabs, schließt die Augen,
  drückt und - schreibt.

Die Baseball-Cap noch
zum Nachthemd - und Sockenfilz
mit MonatsOdeur.

Wochen weg, und kein
Anruf auf Band - Gott sei Dank,
                Gott sei
                  leider   Dank!

"Daheim", sagt sie,
"ist es wie im Urlaub". - "Schöner",
sagt er, "viel schöner."

Wind im Geäst, Schattenspiel;
nichts, das sich, nichts, mit dem
  man rechnen muß.

Lindgrün, Schönste aller
Schimmelfarben, gefeit
vorm Dienst als Oliv.

Dreihundert-Seelen-
Ort: wo man pro Person zwei
bis drei Seelen hat.

Wertarbeit hält
garantiert bis daumenbreit
hinter der Garantie.

Übergewichtig,
psycho-corpus-lädiert, kurz:
Muster-Konsument.

Der Werbung Opfer?
Und ob! Und wie! Und was die
alles für dich opfern!

Pic Johannisnacht:
endlich ganz oben, aufstiegs-
gestreßt
            vorm Abstieg.

Süßkirschen-Picknick
für Star-änd-Starlet-Schwärme,
abgaswolken-dicht.

AusbildungsFunktion:
Du bist ein Demonstrant, auf den
    geschossen wird.

NATO-Eingreiftrupp
steht längst bereit, doch Vulkan
will und will nicht spei'n.

Unser Angebot:
Der Fußball-Weltmeisterschafts-
Dreifach-Hör-Seh-Schutz.

Will, daß er kurztritt,
doch als er sie kurz
                    trat, war's
ihr nicht lang genug.

Man beteuert nur,
was kostbar ist, deshalb rar
und folglich heikel.

Was du beteuerst,
verteuert sich, bis es dir
unerschwinglich ist.

Was junge Füchse
halt reintreibt ins Eisen. Alte
nicht mehr so arg.

Nortfalls beißt sich der
Fuchs die Pfote ab. Oder
ein anderes Glied.

Weisheit kommt mit dem
Ergrauen: Ist viel Luft drin,
nicht nur im Haupthaar.

Jedem Wesen zu
jeder Zeit: Recht auf eig'nen
Stand-/Haft-/Sprung-/Flucht-Punkt!

Abbilder aus den
Augenwinkeln; im Fokus:
die Welt seit Adam.

Vögel, der Bäume
Ungeziefer - ein Hymnus auf
    'ne runde Welt.

Wer will schon warten,
bis irgendwer ihn zufällig
zur Kenntnis nimmt?

Weiß, was gut an mir,
was schlecht ist; bin schließlich mein
Tag-und-Nacht-Objekt.

Da ich Mensch bin,
müßte, was mich berührt, auch
andern Menschen nahgehn.

Dies war Fleißarbeit,
jenes Kopf-Hoden-Jubel.
Was wohl verdient - was?

"Rausholen, was drin-
steckt" - stimmt schon, Meister Tucho -
"auch das ist Reisen."

Immer ein wenig
Sehnsucht bewahren; voll aus-
gelebt, ist es tot.

Flagge rechts, Flagge
links. Fehlt's noch vorn und hinten -
und hier auch unten.

Eignet sich bestens:
der WeltmeisterschaftsAuspuff
als Flaggenhalter.

Auf der Winner-Bahn
kann mer mal weltmänn'sch tun, doch
wehe, es losert!

Anmut - is'en das?
Und sparen - nee: nich sparen...
Nix da - ohne mir!

Künftig wohl kaum noch
Frühlingsnächte, allenfalls
Frisörtermine.

Hält kein Leid wach, ver-
dämmert man rasch und entschläft
in Eiderdaunen.

Brauchst 'nen Anstrich, Holz,
aber verwittert sind wir
einander näher.

Schnicki-schnippisch, ja
nicht herzlich: als Geschäftsfrau,
die ihr Geschäft macht.

Solche Sprüche, um
festzupinnen: alles, was
die Nadel erreicht.

Eig'nes Siechtum in
kranker Gesellschaft - bis der
Spiegel erblindet.

Können nicht anders,
müssen vermarkten; nach ihnen die
    Yin-Yang-Flut.

'ne Großfamilie
garantiert Probleme
en gros und en detail.

Sage nie: Es ist
erreicht! Reichen tut's erst
handbreit überm Scheitel.

Auch Nöl-Hans ginge
gern in Pension. Geht nicht;
zu viel zu benölen.

Dank für jedweden
Reiz, der zwingt, sich zu räuspern
und auszuspucken!

Auch ein Bonus ist
ab und an prüfbedürftig.
Ein Malus gleichfalls.

Wie mancher singt, so
schlägt er nieder; auch Terror hat
    seine Lieder.

Im Sommer 2004 erkrankte Anton, einer der Enkelsöhne des Autors, und mußte operiert werden. Diagnose: Hirntumor. Der Text, der daraufhin entstand, ist eine Krankengeschichte - und mehr als das. "Eigentlich" - so ein Bücherwurm - "hat Beetz einen Roman geschrieben, eine Familienchronik, die straff und poetisch ein Stück Zeitgeschichte spiegelt."

Dietmar Beetz
Anton G.
Eine Krankengeschichte
Edition D.B. - Erfurt 2006
108 S. - € 8,30
ISBN 3-936662-24-X

Robert Tschöp ist es gelungen, in 15 Skizzen Wesentliches zu seinem Werdegang literarisch zu gestalten. Episoden einer Nachkriegs-Kindheit, Studentenulk mit lächerlich-bedrohlichem Nachspiel, erschütternde wie anrührende Schicksale und Porträts - all das rundet sich zu einem eindrucksvollen Bild ostdeutscher Befindlichkeit zwischen Mauerbau und Wendezeit.

Robert Tschöp
Staatsaktion
Ein Werdegang in Episoden
Edition D.B. - Erfurt 2004
108 S. - € 8,30
ISBN 3-936662-08-8

Weitere Titel der Edition D.B.: (Auswahl)

Beetz, Karl Otto (1859 - 1940), hat vor mehr als 100 Jahren erstmals eine später viel gelesene Märchensammlung veröffentlicht, Dietmar Beetz, sein Urgroßneffe, jetzt zehn Märchen dieser Sammlung neu gefaßt, z.T. auch neu gestaltet. Entstanden sind so Texte, die da und dort entfernt an Vertrautes erinnern, dabei aber durchaus Eigenständigkeit besitzen. Und die im übrigen voller Spannung sind - und nicht ohne Humor.

Die Gräfin und der Spielmann
Märchen
Edition D.B. - Erfurt 2002
160 S. - 10,60 €
ISBN 3-936662-02-9

Mir genügt die Sonne dieser Erde, ihr Brot,
    ihre Luft;
mir genügen die Widrigkeiten, der Streit und
    die Bosheit, die Hektik vor und nach
    der Arbeit, der Lärm,
    der Anblick der ersten Veilchen
    und das Grün der Ampel.

Ich habe genug an Besitz, an
Nachbarschaft,
    Schlaflosigkeit, Telefonaten und
    langweiligen Sonntagsfeiern;
doch nie reicht mir die Zeit,
wenn du kommst durch den Nebel
    der Altstadt,
wenn du meinen Kopf hältst
    mit heißen Händen
    wie eine Blume,
wenn du dich schwer wie ein Bergschatten
    über mich beugst.

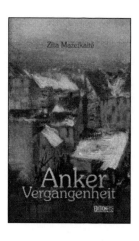

Zita Mažeikaité
Anker Vergangenheit
Gedichte
Edition D.B. - Erfurt 2004
54 S. - € 5,00

"Ein heller Stern am Himmel sächsischer Poesie" - so äußerte sich neulich ein Kollege zur Lyrik von Hans Kunze, dessen erstes Buch, eine Sammlung von Sprüchen, hier vorliegt.

Geboren in Döbeln, sieht der Autor, heute in Dresden wohnhaft, Riesa an der Elbe als seinen "eigentlichen Lebensraum". Dort unterrichtete er bis 1990 an der Erweiterten Oberschule "Max Planck" die Fächer Biologie und Chemie. Parallel zur beruflichen Tätigkeit beschäftigten ihn lebenslang Philosophie, Psychologie, Verhaltensforschung und Literatur.

Seine "Gedankensprünge" sind ein Ergebnis dieser Interessen - Teil eines lyrischen Werkes, dessen Wurzeln Jahrzehnte zurück und bis nach Italien reichen. Der Band vereint vor allem Kritisch-Bissiges aus jüngerer Zeit, das da und dort an Erich Kästner erinnert, nicht etwa nachahmend, vielmehr erfreulich traditionsbewußt.

Hans Kunze
Gedankensprünge
gereimte Sprüche
Edition D.B. - Erfurt 2006
133 S. - € 8,90
ISBN 3-936662-21-5

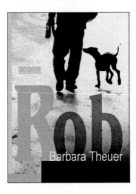

Barbara Theuer -
geboren 1949 in Thüringen, Studium in Jena und Magdeburg, seit 1972 Lehrerin für Mathematik und Physik - weiß von Berufs wegen, wie interessant die Beobachtung der Natur sein kann, und als Mutter von vier mittlerweile erwachsenen Kindern, was "kleine Geister" mitunter anstellen. So Rob, der Dobermann-Welpe, der als Baby in sein neues Heim nach Thüringen kam, erst die Wohnung und den Hof, dann das Dorf und - auf Spaziergängen mit Lutz, seinem Herrn - Wald und Flur erkundete. Wobei es lustig zuging, abenteuerlich, einmal auch recht gefährlich.

"Rob" ist das erste Buch der Autorin.

Barbara Theuer
ROB
Edition D.B. - Erfurt 2006
74 S. - € 5,80
ISBN 3-936662-22-3

Wer drei Stück Rentner entsorgt, dem winkt das Verdienstkreuz mit Eichels Laub.

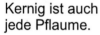

Liebe - ach, dieses Lebensmittel mit dem stillen Verfallsdatum!

An den Herd? Warum nicht gleich in die Pfanne?

Wer qualmt, hilft mit, nicht staatsgefährdend-unanständig alt zu werden.

Sie darf ihren Mann stehn - vorausgesetzt, sie liegt auch flott ihre Frau.

Kernig ist auch jede Pflaume.

weitere Haiku und andere freche Sprüche von Dietmar Beetz

Edition D.B. - Erfurt 2001
je 120 S. - je € 8,50

"Experten für Sex" . . . . ISBN 3-8311-1364-5
"Urwaldparfüm" . . . . ISBN 3-8311-1365-3
"Subtiler Quark" . . . . ISBN 3-8311-1366-1
"Humani-tätärätä" . . . . ISBN 3-936662-06-01
"2/3 - Dummheit" . . . . ISBN 3-936662-07-X
"Süßes Geheimnis" . . . . . . ISBN 3-936662-13-4
"Reform-Dracula" . . . . ISBN 3-936662-14-2
"Kuscheltier-Gruß" . . . . ISBN 3-936662-19-3
"Vor Gottvaters Bürotür" . . ISBN 3-936662-20-7
"Frust-Frucht" . . . . ISBN 3-936662-23-1

Bestellungen über:

Buchhandel oder direkt bei Dietmar Beetz
Fax: (03 61) 4 23 28 32
e-Mail: info@beetz-dietmar.de ■ www.beetz-dietmar.de

Renate Treinen

Tammi und die Dorfkids in Namibia

ISBN 978-3-946036-78-4

www.geistkirch.de

1. Auflage 2018
© 2018 Autorin, Illustrator und Verlag
Verlag: Geistkirch Verlag, Saarbrücken
Illustrationen: Stefan Grenner
Satz und Layout: Stefan Grenner

TAMMI
UND DIE DORFKIDS
IN NAMIBIA

Achtung: Wilderer-Alarm!

KAPITEL 1

Straußenfarm

„Schneller, schneller, du schaffst es", brüllt Vincent und springt aufgeregt vor dem Holzgatter auf und nieder.

Der hat gut reden, denkt Tammi, die sich verbissen am starken langen Hals des Straußes festklammert. Das scheint den Strauß aber nur noch mehr anzufeuern. Denn jetzt gibt er erst richtig Gas. Weit hängt er seinen Konkurrenten ab. Mit großem Vorsprung läuft er als erster durchs Ziel.

Dort steht schon Fynn, ein junger Farmarbeiter, bereit, den Strauß in Empfang zu nehmen. Er breitet die Arme aus und stellt sich dem riesigen Vogel in den Weg. Der Strauß stemmt seine zwei langen spitzen Krallen in den staubigen Boden und bremst mitten im Lauf ab. Damit hat Tammi nicht gerechnet. Sie verliert den Halt und plumpst in den Sand.

Lachend hilft ihr der Junge auf die Beine. Tammi grinst und klopft sich den Staub von der Hose. „Uff, das war voll fett."

Vincent und Lisa-Marie, Tammis Freunde, rennen herbei.

„Gib mir fünf!" Lisa-Marie klatscht Tammis Hand ab und lässt anerkennend eine große Kaugummiblase knallen.

Vincent zieht Tammi an ihrem rotbraunen Pferdeschwanz. „Cool, ich dachte, du hältst dich keine zwei Minuten auf dem Vogel. Dreh dich mal um."

Der zweite Strauß kommt gerade ohne seinen Reiter angetrabt. Matteo ist auf halbem Weg heruntergefallen. Grinsend reibt er sich seinen Po und ruft: „Bravissimo, super, Tammi, wir müssen nochmal ein Wettrennen machen! Dann gewinne bestimmt ich."

„Hättest du wohl gerne. Aber du wirst sehen, dann gewinne ich wieder." Tammi streckt Matteo die Zunge heraus.

„Seid einmal ruhig. Hört ihr das?" Lisa-Marie hebt ihre Hand. Wie immer hat sie sich eine Menge bunter Stoffbänder ums Handgelenk gebunden.

Vom Haupthaus der Farm ertönt lautes Gebimmel. Die Köchin Wanda läutet zum Mittagessen.

„Alter, hab ich auf einmal Hunger." Vincent reibt sich seinen Bauch.

„Und ich erst. Los Leute, die Köchin versteht keinen Spaß. Sie kann es nicht leiden, wenn wir zu spät kommen."

Tammi läuft schon mal vor.

Ihre Freunde kommen langsam nach. Matteo beschreibt lautstark, warum er sich nicht auf seinem Strauß halten konnte. Lisa-Marie verdreht die Augen und zieht ihm Grashalme aus seinen schwarzen wuscheligen Haaren.

Alle Mahlzeiten werden auf der großen Terrasse in der Mitte der sechs Ferienhäuser der Farm eingenommen. Dort steht ein langer schwerer Holztisch mit Bänken, auf denen Platz für alle Gäste ist. Zwei extra große Sonnenschirme aus Stroh spenden großzügigen Schatten.

Im Moment sind nur zwei Ferienäuser belegt. Eines von den Lohmeiers mit Tammis Freundin Lisa-Marie und eines von Herrn Gorius, Vincent und Matteo. Die runden aus Lehm gebauten Hütten haben alle ein dichtes Strohdach und sehen so ganz anders aus, als die Ferienhäuser zuhause.

Als sich die Kinder an den Tisch setzen, kommt mit Gepolter Robin, Tammis sechsjähriger Bruder, angerannt. Seine kurzen braunen Haare kleben verschwitzt an seinem Kopf. Sein Gesicht ist von der Sonne rot wie ein Kürbis. Vergnügt schiebt er sich auf den Platz neben Tammi. „Was gibt's zu essen? Ich habe einen Bärenhunger. Ich war mit Samir draußen, Zäune ausbessern."

„Wer ist Samir?" Frau Lohmeier, Tammis und Robins Mama, kommt hinzu und setzt sich neben ihre Kinder.

„Samir wohnt in einem Dorf in der Nähe und arbeitet auf der Farm", erklärt Robin. „Er hat gefragt, ob ich Lust habe, ihm zu helfen. Ich habe dann Papa gefragt, und der hat es mir erlaubt. Samir ist total nett. Er will von euch wissen, ob ich mit ihm in sein Dorf gehen darf."

„Oh, da würden wir auch gerne mitkommen. Meinst du, Mama, das geht?" Tammi schaut Frau Lohmeier erwartungsvoll an.

„Ich spreche nachher mal mit diesem Samir, dann sehen wir weiter." Mama legt sich ihre Serviette auf den Schoß, denn Wanda stellt gerade eine riesige Schüssel mit einem herrlich duftenden Eintopf auf den Tisch.

„Guten Appetit zusammen. Wieso seid ihr nur so wenige?", grummelt die Köchin und stemmt die Arme auf ihre ausladenden Hüften. Ihr dunkelhäutiges Gesicht glänzt. Heute ist es ungewöhnlich heiß. Kleine Schweißtropfen stehen auf ihrer Stirn.

„Mein Mann und Herr Gorius sind mit dem Farmer zum Büro des Wildtier-Reservates gefahren. Sie wollen sich mit einem Kollegen meines Mannes, einem Tierarzt aus der Gegend, treffen", gibt Mama zurück.

„Was ist ein Wildtier-Reservat?", fragt Lisa-Marie.

„Ein Wildtier-Reservat ist ein großes Gebiet, in dem die unterschiedlichsten Wildtiere ungestört leben können.

Dafür sorgen Wildhüter, die auf sie aufpassen. Auch kranke oder verletzte Tiere werden dort wieder gesund gepflegt", erklärt Mama.

„Im Reservat leben aber auch junge Wildtiere, die keine Eltern mehr haben", ergänzt Wanda.

Tammi runzelt die Stirn mit den vielen Sommersprossen. „Warum hat Papa nichts gesagt? Ich wäre doch mitgefahren. Vielleicht hätte ich etwas über Dodos Familie erfahren."

„Ach, Tammi, ihr wart doch so wild auf das Straußenrennen. Außerdem wollen sich Papa und Herr Gorius erst einmal ein Bild machen, wie und wo hier Affen leben. Wir sind doch erst seit zwei Tagen hier."

„Das Straußenrennen war echt lustig. Tammi hat gewonnen, weil Matteo von seinem Strauß gefallen ist." Lisa-Marie häuft sich von dem Eintopf auf ihren Teller und reicht den Löffel an ihren Bruder Vincent weiter.

„Hast du dir wehgetan?" Frau Lohmeier mustert Matteo besorgt.

„Nö, aber wo ist Dodo adesso, äh ich meine jetzt?" Matteo kaut mit vollen Backen. Seine Mama kommt aus Italien, deshalb spricht er zu Hause immer italienisch mit ihr. Da bringt er manchmal die Sprachen durcheinander.

„Dodo stromert mit Jay-Jay und Jamaal in der Gegend herum. Er ist super glücklich, wieder in Namibia zu sein."

Tammi wischt mit einem Stück Brot den letzten Rest Soße von ihrem Teller.

Dodo ist ein Äffchen, das Tammi zuhause in Deutschland beim Versteckspielen mit ihren Freunden im Wald gefunden hatte.

„Kommt, wir schauen mal nach, ob die Strauße Eier gelegt haben." Vincent stülpt sich sein rotes Basecap auf die kurzen blonden Locken.

„Super Idee!" Lisa-Marie springt auf und steckt sich noch schnell einen neuen Kaugummi in den Mund.

„Ich will auch mit!" Robin schaut Tammi bittend an.

„Okay, Broccoli, aber wehe du nervst." Tammi nennt ihren Bruder meistens Broccoli, weil Broccoli sein absolutes Lieblingsgemüse ist.

Die Sonne strahlt von einem makellosen blauen Himmel. Kein Wölkchen ist in Sicht. Es hat lange nicht geregnet. Der Boden ist so trocken, dass die Kinder beim Laufen Staub aufwirbeln.

In dem Gehege, das direkt hinter dem Haupthaus liegt, tummeln sich viele Strauße. Sie sind riesig, größer als die größten Erwachsenen. Die meistens sind über zwei Meter groß. Männliche Strauße haben schwarzes, weibliche ein erdbraunes Gefieder.

Die wenigen Grasbüschel im Gehege sehen nicht gerade saftig aus. Gut nur, dass Strauße genügsam sind. Mit ihrem starken Schnabel und den zwei riesigen Zehen scharren sie im trockenen Sand. Sie suchen nach kleinen Steinen. Die schlucken sie, um damit die Nahrung in ihrem Magen zu zerkleinern.

Die Kinder schwingen sich auf das Holzgatter, mit dem das Gehege eingezäunt ist.

„Seht mal da drüben, da liegen zwei Eier." Tammi deutet aufgeregt auf die beiden großen Straußeneier, die nebeneinander im Sand liegen.

„Follia, Wahnsinn, die sind echt riesig." Matteo betrachtet die Eier. Seine Augen blitzen hinter der schwarzen Brille.

„So ein Straußenei wiegt fast 2 Kilo und hat einen Durchmesser von etwa 15 cm", erklärt Samir, der gerade zwei große Plastikeimer mit Straußenfutter anschleppt. „Die Köchin braucht zum Frühstück nur ein einziges Ei, um Rührei für euch alle zu machen."

„Krass." Lisa-Marie lässt beeindruckt eine Kaugummiblase knallen. „Was hast du denn in deinen Eimern?"

„Strauße lieben gepresstes Grünzeug, Heu, Mais und Eierschalen." Samir öffnet das Gatter.

Wie auf Kommando kommen die Strauße gerannt und drängen sich um Samir. Der hält einen der Eimer ganz fest vor sich. Die Vögel recken ihre langen Hälse und tauchen die Schnäbel gierig hinein.

„He, seid doch nicht so verfressen, es ist genug für alle da!" Samir muss seine Beine ganz fest auf den Boden stemmen, damit ihn die Vögel im Gedränge nicht umwerfen. „Los Vincent, hol dir den anderen Eimer."

Vincent schnappt sich den zweiten Eimer und stellt sich neben Samir. Schon wird auch er von hungrigen Straußen umringt. Tammi, Lisa-Marie und Matteo sehen nur noch lange Hälse und Federn.

„Seht mal, Papa und Herr Gorius kommen zurück." Tammi springt vom Gatter.

Gerade biegt der staubige Land Rover des Farmers in die Zufahrt ein. Tammi läuft ihm entgegen.

Ungeduldig hopst sie von einem Bein auf das andere. Sie kann es kaum erwarten, dass die Männer aussteigen. „Habt Ihr etwas rausbekommen? Wisst ihr schon, zu welcher Rasse Dodo gehört?"

Herr Gorius steigt als erster aus und streckt sich: „Nur langsam, Tammi, lass uns doch erst einmal ins Haus gehen. Wir sind ganz verschwitzt. Wir machen uns frisch und ruhen ein wenig. Zum Abendessen kommen wir auf die Terrasse."

Tammis Papa klettert stöhnend aus dem Wagen und reibt sich den Rücken. „War das eine holprige Fahrt. Mir tun alle Knochen weh. Als erstes brauche ich etwas zu trinken."

Lachend legt der Farmer Tammi den Arm um die Schultern und geht mit ihr zum Haus. „Dein Papa ist unsere Straßen hier nicht gewöhnt."

Der Farmer war vor vielen Jahren mit seiner Frau aus Deutschland nach Namibia gekommen. Er wollte hier seinen Traum wahr machen und eine Straußenfarm aufbauen.

Das ist ihm gelungen. Jetzt ist er schon so viele Jahre in Namibia, dass er sich gar nicht mehr vorstellen kann, in Deutschland zu leben.

Aktiv werden für Wildtiere!
Diese Organisationen retten Tiere in Not:

· Stiftung des Deutschen Tierschutzbundes

· WWF Deutschland

· Pro Wildlife e.V.

· Welttierschutzstiftung

KAPITEL 2

Lagebesprechung

Nach dem Abendessen berichtet Tammis Papa, was er gemeinsam mit Herrn Gorius herausgefunden hat.

„Dodo muss tatsächlich zu einer ganz seltenen Affenrasse gehören. Ich finde es schon komisch, dass die Mitarbeiter der Tierschutzorganisation hier noch keine Affen mit so intensiv grünen Augen und so leuchtend grünen Innenohren gesehen haben.

Einer der Ranger, so nennt man die Wildhüter auch, erzählte uns, dass es manchmal vorkommt, dass sich einzelne Familien seltener Affenarten hier aufhalten.

Sie kommen aus Gebieten, in denen es für sie keine guten Lebensbedingungen mehr gibt. Einige bleiben, andere ziehen weiter."

Papa macht ein nachdenkliches Gesicht. „Der Ranger will sich umhören, ob seine Kollegen schon mal einem Affen wie Dodo begegnet sind. Da sich Dodo sicher ist, hier in der Nähe entführt worden zu sein, muss doch irgendwer seine Familie gesehen haben."

Der Farmer seufzt: „Die Wilddiebe werden aber auch immer dreister. Die Ranger spüren zwar ganze Banden auf, die Wildtiere einfangen und nach Europa transportieren. Aber es gibt noch genug Wilddiebe, die trotzdem weiter machen. Dabei drohen ihnen in ganz Afrika und auch hier in Namibia mittlerweile hohe Strafen. Aber leider ist mit dem Verkauf von Wildtieren immer noch viel Geld zu verdienen."

Herr Gorius schenkt sich ein Glas Wasser ein. „Wir müssen einen Plan machen, wo wir mit unserer Suche nach Dodos Familie beginnen sollen."

Da rauscht es über ihren Köpfen. Ein großer Papagei mit leuchtend roten und grünen Federn setzt sich flügelschlagend auf die Schulter von Herrn Gorius. Genüsslich beginnt er, dessen graue Haare durch seinen gelben Schnabel zu ziehen.

„He, Jamaal, lass das, ich freue mich auch, dich zu sehen", lacht Herr Gorius. Jamaal beugt seinen Kopf vor und schaut Herrn Gorius von seinem Schulterplatz aus in die Augen.

Jamaal und Herr Gorius sind dicke Freunde. Jamaal hat sich ihm angeschlossen, als Herr Gorius noch als Koch auf der Straußenfarm arbeitete. Der Dritte im Bunde ist Jay-Jay, ein Erdhörnchen, das sich damals auf der Farm ebenfalls mit Herrn Gorius angefreundet hatte. Seitdem sind die Drei unzertrennlich.

„Seht mal die beiden Stromer." Damit meint Herr Gorius Jay-Jay und Dodo, die gerade um die Ecke biegen.

Dodo mit seinem schaukelnden Gang stützt sich mit den Händen auf dem Boden ab. Jay-Jay sitzt auf seiner Schulter. Den langen buschigen Schwanz hat er sich von hinten über den Kopf geschwungen. Er gleicht einem Eichhörnchen. Sein braunes Fell ist mit weißen Streifen durchzogen.

„Tammi", ruft Dodo, „du es nicht wirst glauben. Wir haben gesehen so viel, onk, onk!" Dabei zieht er aufgeregt die Luft durch seine gespitzte Schnauze.

„Komm her und erzähl!" Tammi klopft auf den Platz neben sich.

Dodo springt auf die Bank und hopst auf und nieder. „Wir haben getroffen Giraffen, Warzenschweine, Schlangen und viele Tiere, die ich habe sooo vermisst. Auch Affen, aber keiner etwas wusste über meine Familie, onk, onk." Dodo sieht plötzlich ganz traurig aus.

Da nur Tammi Dodo verstehen kann, übersetzt sie für die anderen am Tisch. Alle schauen Dodo mitfühlend an.

Herr Gorius dreht gedankenverloren an seiner rot und blau karierten Stofffliege, die er immer zu einem weißen Hemd trägt. „Sag Dodo, ich werde mich morgen mal umhören, ob noch einige meiner früheren Kumpels im Reservat arbeiten. Die werde ich dann um Hilfe bitten."

Herr Gorius hatte sich während seiner Zeit auf der Straußenfarm sehr um die Wildtiere im benachbarten Reservat gekümmert und sogar eine Wildhüter-Ausbildung gemacht.

„Da kommen wir mit, was meinst du?" Papa schaut seine Frau fragend an.

„Ich bin dabei." Tammis Mama nickt zustimmend.

„Prima." Herr Gorius streichelt Jay-Jay, der ihm am Bein hochgeklettert ist und es sich auf seinem Schoß gemütlich gemacht hat.

„Wir wollen auch mit!", ruft Tammi.

„Ich auch!" Robin rutscht unternehmungslustig auf der Bank herum.

„Ach, so was Dummes." Mama schlägt sich an die Stirn. „Kinder, ich habe mit Samir ausgemacht, dass ihr ihn morgen in sein Dorf begleiten könnt. Er hat jetzt bestimmt schon seiner Familie Bescheid gesagt."

„Oh Mist." Tammi kaut nachdenklich auf ihrer Unterlippe herum. „Können wir nicht rechtzeitig zurück sein, um doch noch mitzufahren?"

„Nein, das schafft ihr nicht." Herr Gorius schüttelt den Kopf.

„Vielleicht ist es sogar gut, wenn wir uns aufteilen. Dann ist die Chance, etwas über Dodos Familie zu erfahren, größer", meint Lisa-Marie.

„Und Robin kommt mit uns", bestimmt Papa. „Er kann Samir auch noch ein anderes Mal besuchen."

„Dodo, du kommst mit zu Samirs Dorf. Vielleicht hat dort schon mal jemand so ein Äffchen wie dich gesehen." Tammi krault Dodo hinterm Ohr.

„Ist gut, onk, onk." Dodo kuschelt sich in Tammis Arme.

„Wenn wir morgen Abend zurück sind, wissen wir vielleicht schon mehr." Tammis Papa gähnt. „Bin ich müde."

„Ich auch, ich gehe schlafen, gute Nacht zusammen." Herr Gorius nimmt Jay-Jay auf den Arm. Mit Jamaal auf der Schulter schlendert er zu seinem Haus.

„Ich komme mit." Vincent streckt sich. „Du auch Matteo?"

„Buona notte, gute Nacht. Ich muss noch mit meiner Mama telefonieren. Die macht sich doch ständig Sorgen." Matteo sucht nach seinem Handy.

„Dann wollen wir auch mal in die Federn. Wir müssen morgen früh aufstehen. Kommt ihr?" Papa legt den Arm um Mama und greift nach Robins Hand. Tammi nimmt Dodo auf dem Arm und gemeinsam mit Lisa-Marie folgt sie ihren Eltern.

Echt cool, denkt Tammi, dass mir Herr Gorius den magischen Stein geliehen hat, durch den er sich mit Jamaal und Jay-Jay unterhalten kann.

Ich habe ja erst nicht daran geglaubt. Doch dann hat der magische Stein tatsächlich auch bei mir und Dodo geklappt. So konnte mir Dodo seine Geschichte erzählen. Die war mega krass und hat uns alle geschockt. Aber ab da hatten wir nur noch ein Ziel: Dodo vor dem fiesen Drehorgelspieler zu retten. Und es hat funktioniert!

Tammi seufzt zufrieden und schaut Dodo an. „Weißt du noch, als die Polizei während unserer Party anrief und erzählte, was sie herausgefunden hat? Nämlich, dass dich Wilddiebe aus Namibia entführt hatten?"

Dodo grinst. „Ich damals nicht wusste, dass meine Heimat heißt Namibia. Das mir vorher hat keiner gesagt. Gut, dass Herr Gorius hatte die super Idee, hier auf der Straußenfarm zu machen Ferien, onk, onk."

„Ja." Tammi drückt Dodo ganz fest. „Aber ist das nicht ein Wahnsinns Zufall, dass er früher hier als Koch gearbeitet hat?"

Dodo nickt. „Jetzt wir nur noch müssen finden meine Familie."

KAPITEL 3

Ausflug

Am nächsten Morgen wird Tammi unsanft geweckt. Laut kreischend reißt Dodo die Zimmertür auf und springt mit einem Satz auf ihr Bett. Dort hopst er wild herum.

„He, Dodo, lass mich in Ruhe. Es ist doch noch früh." Tammi reibt sich verschlafen die Augen und streckt sich.

„Gar nicht früh, onk, onk. Steh endlich auf, alle schon essen Frühstück." Dodo schlägt Purzelbäume auf Tammis Bett.

Gähnend schaut Tammi zu Lisa-Maries Bett. Dort liegen verstreut Shirts und Jeans. Von Lisa-Marie keine Spur. Tammi springt auf und läuft über den Flur ins Bad. Nach einer Katzenwäsche bindet sie rasch ihre langen Haare zu einem Pferdeschwanz und reißt eine kurze Jeans und ein rotes Shirt aus dem Schrank. „Los, Dodo, komm, beeil dich!"

Tatsächlich, alle sitzen schon am Frühstückstisch.

„Na, du Schlafmütze?" Papa beißt herzhaft in ein Marmeladenbrötchen. Er liebt Marmeladenbrötchen. „Auch schon wach?"

„He Lisa-Marie, warum hast du mich nicht geweckt? Ich habe gar nicht gemerkt, dass du aufgestanden bist." Tammi schaut Lisa-Marie vorwurfsvoll an, setzt sich und greift nach dem Krug mit Orangensaft.

„Du hast gepennt, wie ein Baby und noch nicht mal gezuckt, als mir die Schuhe runter gefallen sind", grinst Lisa-Marie. Sie sieht wie immer cool aus mit ihrem gelben Schlappershirt und den verwaschenen blauen Shorts. Ihre bunten Freundschaftsbänder am Handgelenk leuchten in der Sonne.

Tammi schlingt ihr Müsli herunter und springt auf. „Wo ist Samir?"

„Der wartet schon am Küchenhaus auf euch." Papa stellt seine Kaffeetasse ab.

„Kinder, passt auf euch auf, und seid vorsichtig. Hört auf jeden Fall auf Samir", mahnt Mama. „Der Farmer hat mir erzählt, dass Samir schon seit drei Jahren regelmäßig Feriengäste mit in sein Dorf nimmt. Er ist ein guter Führer."

„Geht klar, Mama, wir passen auf. Es ist ja nicht weit." Tammi nimmt Dodo auf den Arm, und die Freunde laufen zum Küchenhaus.

Samir ist gerade dabei, die Futtereimer auszuwaschen. „Seid ihr fertig? Hier, packt noch die Wasserflaschen ein, dann können wir los."

Samir führt die Kinder über staubigen Sandboden, auf dem nur gelegentlich harte Grasbüschel stehen. Dazwischen liegen kleine und große Steinbrocken. Manchmal sind die Abdrücke von breiten Autoreifen zu erkennen. Ein leichter Wind wirbelt immer wieder kleine Staubwolken auf.

In der Ferne können die Freunde dicht zusammenstehende Bäume erkennen. Sie sehen ganz anders aus, als die Bäume zuhause. Helle knochige Stämme tragen flache, breite Blätterkronen. Sie erinnern an große Sonnenschirme. Dodo quiekt freudig und läuft schon mal vor.

Tammi nimmt ihre Kappe ab und fächelt sich damit Luft zu. „Uff, ist das heute heiß."

Samir lacht: „Das ist doch gar nichts. Ihr müsst mal kommen, wenn bei uns Sommer ist."

Vincent streift seinen Rucksack von der Schulter und kramt nach seiner Wasserflasche. „Ich muss mal was trinken."

Lisa-Marie knallt mit ihrem Kaugummi. „He, ihr Weicheier, was trödelt ihr hier herum. Macht voran, damit wir in Samirs Dorf kommen!" Es geht ihr alles nicht schnell genug.

Tammi beobachtet Dodo, der auf allen Vieren vor ihnen her läuft. Doch plötzlich verschwindet er hinter einem Hügel. „Kommt schnell, ich kann Dodo nicht mehr sehen!"

Tammi sprintet los.

Doch dann sieht sie ihn oben auf dem Hügel sitzen. Schnell klettert sie zu ihm.

Und traut ihren Augen kaum.

Vor ihr in der Steppe grasen ganz ulkige Viecher. Sie sehen ein bisschen aus wie Rinder. Ihr Fell schimmert bläulich grau. Vom Hals bis zum Hinterteil laufen dunkle Querstreifen.

Eine lange schwarze Mähne bedeckt den Nacken. An der Kehle wächst ein schwarzer Bart und oben am Kopf sitzen kurze nach oben gebogene Hörner.

Friedlich reißen sie das harte Gras aus und kauen vor sich hin. Ab und zu vertreiben sie mit ihrem schwarzen Schweif lästige Fliegen.

Mittlerweile sind auch die anderen auf den Hügel geklettert. „Was sind denn das für Tiere?", staunt Vincent.

Samir erklärt: „Das ist eine Herde Streifengnus. Und seht mal, da hinten grasen auch ein paar Zebras."

Zebras sind größer als Gnus, aber schlanker. Sie sehen fast aus wie Pferde. Nur dass sie schwarzweiß gestreift sind.

Samir erklärt den Freunden, dass Zebras Mitglieder ihrer Familie immer an den Streifen erkennen.

„Jedes Zebra hat ein anderes Streifenmuster."

„Seht nur!" Tammi deutet auf zwei besonders schöne Exemplare. „Die knabbern sich gegenseitig am Fell."

Samir lacht: „So machen sie sich sauber."

„Alter, das ist cool." Lisa-Marie ist beeindruckt.

„Mir gefallen die Gnus am besten." Vincent kratzt sich am Hals. Eine Stechmücke hat ihn gestochen.

„Samir rutscht den Hügel herunter. „Kommt, wir müssen weiter. Gnus und Zebras werdet ihr noch öfter sehen."

Es dauert nicht lange und sie nähern sich den Bäumen. Die sind voller Vögel. Große und kleine, die in allen Farben schillern. Unter den Bäumen wachsen Büsche und dorniges Gestrüpp. Dort schlängelt sich ein Pfad durch, dem Samir nun folgt. „Wir sind gleich da."

Dodo zieht aufgeregt die Luft ein. „Hier mich erinnert viel an Zuhause. Wir auch haben gewohnt in so einem Wald, onk, onk."

Plötzlich rennt ihnen laut rufend eine Gruppe Kinder entgegen. Gleich darauf sind sie umringt von lachenden, durcheinander schwatzenden dunkelhäutigen Mädchen und Jungen. Die Freunde verstehen kein Wort.

„Stopp!", ruft Samir in Afrikaans, der Sprache in seinem Dorf. „Lasst unsere Gäste erst mal ankommen.

Lauft voraus und gebt Bescheid, dass wir gleich da sind."

Aufgeregt rennen die Kinder zurück. Jedes will als erstes von der Ankunft der Besucher berichten.

Tammi, Lisa-Marie, Vincent und Matteo sind jetzt ganz gespannt, was sie in dem Dorf erwartet. Vielleicht kennt hier ja jemand Dodos Familie.

KAPITEL 4

Zwei fiese Typen

Während die Kinder mit Dodo zu Samirs Dorf unterwegs sind, schleichen zwei seltsame Gestalten zwischen den Bäumen herum. Sie sind auf der Suche nach niedlichen Wildtieren. Dabei haben sie es besonders auf kleine Affen abgesehen.

Einer der Männer ist klein und dick. Seine fettigen schwarzen Haare kleben an seinem dicken runden Kopf. Er gleicht einem Mistkäfer.

Der andere Mann ist größer, sehr schlank, mit dünnen langen Armen und Beinen, die an Spinnenbeine erinnern. Seine schmutzig blonden Haare hat er im Nacken mit einem verschwitzten grauen Stoffstreifen zusammengebunden.

Plötzlich bleibt Spinnenbein stehen und schnüffelt mit seiner langen Nase in der Luft herum. „He Kumpel, ich rieche Rauch. Hier in der Nähe muss ein Dorf sein." Er wendet sein langes hageres Gesicht Mistkäfer zu.

Mistkäfer bleibt nun ebenfalls stehen und zieht geräuschvoll die Luft ein. „Du hast Recht, jetzt rieche ich es auch." Dann grinst er und zeigt dabei seine großen gelben Zähne.

„Wenn wir Glück haben, bekommen wir dort etwas zu essen. Ich habe mächtig Hunger." Schmatzend bewegt er seine dicken Lippen.

„Mir wäre es lieber, einen Affen zu finden. Wir haben immer noch keinen gefangen. Du weißt doch, unser Kunde in Deutschland will unbedingt einen Affen haben." Spinnenbein folgt einem Pfad, der tiefer in den Wald hinein führt. „Mit dem Geld, das wir durch den Verkauf eines Affen verdienen, könnten wir es uns mal wieder so richtig gut gehen lassen."

Spinnenbein hebt die Hand. „Sieh mal", zischt er durch die Zähne, „dort vorne läuft doch tatsächlich ein kleiner Affe zwischen den Bäumen."

Mistkäfer schaut ihm über die Schulter. „Wo denn? Ich kann keinen Affen sehen."

Spinnenbein knufft ihm mit dem Ellenbogen in die Seite. „Blödmann, schau doch genau hin. Da vorne klettert er doch gerade einen Baum hoch!"

„Ja, jetzt sehe ich ihn auch", flüstert Mistkäfer aufgeregt. „Aber da sind auch Kinder. Und nicht nur dunkelhäutige. Da laufen auch weiße Kinder herum."

Jetzt können die beiden auch Stimmen hören. Verblüfft schauen sie sich an. „Ich glaube ich spinne", meint Spinnenbein, „die weißen Kinder sprechen deutsch."

„Mistkäfer kratzt sich an seinem dicken Bauch. „Tatsächlich, die sprechen deutsch."

„Los komm", flüstert Spinnenbein, „das sehen wir uns genauer an." Leise schleichen die beiden hinter den Kindern her.

KAPITEL 5

Samirs Dorf

Mittlerweile ist Samir mit den Freunden im Dorf ange-kommen. Es ist ein kleines Dorf, mitten auf einer Lich-tung. Rund um einen sandigen Platz drängen sich nicht mehr als 10 Hütten. Alle sind aus Lehm gebaut, rund, mit einem Strohdach, wie es die Freunde schon von ihren Ferienhäusern kennen.

Vor zwei der Hütten brennen Feuer. Darüber hängen an Stangen große schwarz angelaufene Eisentöpfe, aus de-nen Dampf aufsteigt. Davor sitzen dunkelhäutige Frauen in bunten Kleidern. Alle schwatzen und lachen durchein-ander.

Einige zermahlen mit einem Mörser Hirsekörner in Holz-schüsseln. Andere backen mit der gemahlenen Hirse Brot-fladen.

Kinder spielen mit kleinen Hunden Fangen und laufen kreischend zwischen den Frauen herum.

Vor einer anderen Hütte hat es sich eine Gruppe von Män-nern im Schatten bequem gemacht. Sie sitzen auf Matten, rauchen Pfeife und beobachten stumm, wer da kommt.

Samir geht auf eine große schlanke Frau zu. Ihr rotes Kleid leuchtet in verschiedenen Rottönen und reicht ihr bis zu den Knöcheln. Um den Kopf hat sie sich kunstvoll einen Turban in den gleichen Farben gewickelt. An einem Handgelenk trägt sie mehrere schmale Goldreifen, die bei jeder Bewegung leise klirren.

Gerade ist sie dabei, Gemüse in einen der Eisentöpfe zu geben. Es duftet so gut, dass den Freunden das Wasser im Mund zusammen läuft.

Als die Frau die Ankömmlinge bemerkt, legt sie den großen Holzlöffel zur Seite. Breit lächelnd kommt sie auf die Kinder zu. Die weißen Zähne blitzen in ihrem dunklen Gesicht.

„Willkommen in unserem Dorf", begrüßt sie die Freunde auf Deutsch. „Schön, dass ihr uns besucht. Ich bin die Mama von Samir. Ihr habt doch bestimmt Hunger?"

Tammi ist ganz überwältigt. Alles ist so anders als zuhause. Fragend und ein bisschen verunsichert schaut sie zu Lisa-Marie. Die hat keine Hemmungen. Grinsend schüttelt sie Samirs Mama die Hand. „Hallo, ich bin Lisa-Marie. Hier ist es echt cool."

Vincent legt Lisa-Marie den Arm um die Schultern. „Und ich bin Vincent, Lisa-Maries Bruder. Das sind unsere Freunde Tammi und Matteo."

Als Samirs Mama alle begrüßt hat, zeigt sie auf grob gezimmerte Holzbänke, die in der Nähe einer Feuerstelle um einen langen Holztisch stehen. „Bitte setzt euch."

Sobald die Freunde sitzen, verteilen kleine Mädchen tiefe Holzschalen und Löffel. Jeder bekommt auch einen Becher mit Wasser.

„Das ist Mineralwasser, das könnt ihr bedenkenlos trinken", erklärt Samir.

Während die Freunde trinken, nähert sich eine alte Frau. Sie trägt ein grasgrünes langes Kleid. Um den Hals hat sie sich mehrere Ketten aus bunten Holzperlen, Schalen von Straußeneiern und kleinen Federn geschlungen.

An den Ohren baumeln große runde Holzohrringe, die ebenfalls mit Federn geschmückt sind. Ihre dicken grauen Ringellocken stehen struppig vom Kopf ab und werden von einem breiten gelben Band aus der Stirn zurückgehalten.

„Das ist unsere Medizinfrau. Sie ist sehr alt und sehr weise", flüstert Samir ehrfürchtig.

An ihrem Tisch angekommen, betrachtet die Medizinfrau jedes der Kinder mit unbeweglichem Gesicht. Doch dann lächelt sie. Dabei legt sich ihr Gesicht in unzählige kleine Fältchen. „Schön, dass ihr in unser Dorf gekommen seid. Ich freue mich immer über Besuch."

Sie stellt eine große Schüssel auf den Tisch. „Die habe ich extra für euch mitgebracht. Lasst es euch schmecken." Erwartungsvoll schaut sie die Freunde an.

Samir grinst und übersetzt. Dann fordert er die Freunde auf: „Greift nur zu. Es schmeckt echt super."

Lisa-Marie schaut skeptisch in die Schüssel. „Das sieht aus wie frittierte Krabben. Die kauft mein Papa manchmal zuhause an der Imbissbude."

Beherzt häuft sie sich eine Portion in ihre Holzschale. Die anderen machen es ihr nach. Tammi nimmt sich erst einmal ganz wenig und linst dann nach der alten Frau. Als die ermutigend nickt, steckt sie sich einen Löffel voll in den Mund. Nicht schlecht, denkt sie und langt gleich noch einmal zu.

Die Medizinfrau lächelt zufrieden, sagt etwas auf Afrikaans und geht davon.

„Was hat sie gesagt?", will Vincent wissen.

„Sie hat gesagt", grinst Samir, „sie freut sich, dass euch ihre Maden so gut schmecken. Sie hat sie extra für euch gebraten."

Matteo, der gerade den Mund voller Maden hat, hört auf zu kauen. Panisch schaut er sich um, ob es nicht eine Möglichkeit gibt, die Dinger auszuspucken.

Samirs Mama mischt sich ein. „Nur Mut, die Maden wurden in Öl ausgebacken und sind sehr gesund. Wie ihr merkt, schmecken sie richtig gut. Sie sind bei uns eine Delikatesse."

Doch außer Lisa-Marie, die sich gleich noch einen Löffel voll in ihre Schale schaufelt, können die anderen den Maden nichts abgewinnen. Matteo schluckt krampfhaft.

Tammi schüttelt sich. „Wenn ich mir vorstelle, was ich da esse, bekomme ich nichts mehr runter."

„Ihr müsst aufessen. Sonst beleidigt ihr unsere Medizinfrau", meint Samir.

Die Freunde überwinden sich und leeren widerwillig ihre Schalen. Dabei bemühen sie sich, ihren Ekel nicht zu zeigen.

„Hoffentlich ist euch der Appetit nicht ganz vergangen", lächelt Samirs Mama. Sie füllt die Holzschalen mit einem Gemisch aus Gemüse und Hirse aus dem großen Topf. „Das hier wird euch garantiert schmecken."

Aufatmend langen die Freunde zu.

Mehrere Dorfbewohner nähern sich neugierig und setzen sich mit an den Tisch. Sie stellen Fragen in Afrikaans. Samir und seine Mutter übersetzen. Bald unterhalten sich alle lebhaft miteinander.

Keiner achtet auf Dodo.

Der läuft neugierig im Dorf herum. Alles ist so interessant. Besonders angetan haben es ihm zwei kleine Borstenhörnchen, die ihn an Jay-Jay erinnern.

Die beiden spielen am Rande des Dorfplatzes Fangen. Dodo will mitspielen und läuft laut quiekend auf sie zu. Erst stutzen die Borstenhörnchen und mustern den kleinen Affen kritisch. Als sie jedoch merken, dass er mitspielen will, sausen sie erst im Kreis herum. Dann schlagen sie einen Haken und verschwinden zwischen den Bäumen.

Dodo rennt begeistert hinterher.

Spinnenbein und Mistkäfer haben sich an das Dorf herangeschlichen. Aufmerksam beobachten sie, was auf dem Dorfplatz passiert. Plötzlich entdeckt Spinnenbein Dodo, der auf die Borstenhörnchen zuläuft.

„Mich laust der Affe", zischt Spinnenbein, „den Affen kenne ich doch. Wo kommt der denn her. Den haben wir doch Anfang des Jahres hier in der Nähe gefangen und an den Drehorgelspieler in Deutschland verkauft!"

„Klar, jetzt erkenne ich ihn auch. Mit dem haben wir doch so richtig Geld verdient", flüstert Mistkäfer verblüfft. „Aber, wie ist er wieder nach Namibia gekommen?"

„Wahrscheinlich haben ihn die Kinder zurückgebracht", vermutet Spinnenbein. Dann grinst er hämisch. „Wenn wir den Affen jetzt wieder einfangen, können wir nochmal so ein gutes Geschäft mit ihm machen. So wie der aussieht. Was meinst du?"

Bevor Mistkäfer antworten kann, hören sie eines der Mädchen rufen: „Dodo, wo bist du? Komm, wir müssen nach Hause!"

Sie beobachten, dass der kleine Affe mitten im Laufen bremst, sich umdreht und wieder in das Dorf zurück flitzt.

„Mist, da waren wir nicht schnell genug!" Spinnenbein stampft mit dem Fuß auf.

„Macht nichts", meint Mistkäfer. „Wir folgen den Kids und schauen, wo sie wohnen. Dann finden wir bestimmt einen Weg, den Affen nochmal einzufangen."

Dodo springt Tammi auf den Arm. „Na, du Stromer, gefällt es dir hier?", lacht Tammi. Dann wendet sie sich an Samir. „Kannst du bitte deine Leute fragen, ob jemand schon mal so ein Äffchen, wie Dodo, gesehen hat?"

Samir nickt, deutet auf Dodo und fragt die Dorfbewohner am Tisch auf Afrikaans. Doch alle schütteln den Kopf. Nein, so ein Äffchen haben sie noch nie gesehen.

Ein alter Mann jedoch betrachtet Dodo nachdenklich. Dann sagt er etwas zu Tammi.

„Was meint er?", will Tammi aufgeregt wissen.

„Er meint, dass er mal hier in der Gegend so eine Affenfamilie gesehen hat. Aber nur einmal, und das ist auch schon ziemlich lange her", übersetzt Samir.

„Mensch, das ist doch schon mal eine erste Spur!" Tammi strahlt. „Hast du gehört Dodo. Der Mann hat vielleicht schon mal deine Familie gesehen!"

Dodo springt von Tammis Schoß und schlägt vor Begeisterung Purzelbäume.

Matteo schaut Dodo grinsend zu. „Spostato tipo, äh, verrückter Kerl. Hoffentlich freut er sich nicht zu früh. Noch wissen wir nicht, ob das tatsächlich Dodos Familie war."

Vincent schaut skeptisch. „Selbst wenn es Dodos Familie war, kann sie schon längst weiter gewandert sein."

Tammi seufzt. „Stimmt, wo sollen wir nur mit unserer Suche weiter machen."

„Hören wir doch heute Abend erst mal, was deine Eltern und Herr Gorius herausgefunden haben", schlägt Vincent vor.

Samir steht auf. „Kommt, wir müssen los. Ich habe versprochen, euch bis zum Abend zurückzubringen."

Die Kids bedanken sich bei Samirs Mama für das Essen. Sie verabschieden sich von den Dorfbewohnern und versprechen, auf jeden Fall noch einmal herzukommen.

Die Freunde sind von Samirs Dorf schwer beeindruckt. Auf dem Rückweg reden sie von nichts anderem. Die tiefer stehende Sonne taucht die Landschaft in orange Farben. Die Büsche werfen bläuliche Schatten. Es ist nicht mehr so heiß.

Fröhlich hopst Dodo neben dem Pfad im Gebüsch herum. Er hat wieder Hoffnung, doch noch seine Familie zu finden.

Spinnenbein und Mistkäfer folgen den Freunden mit großem Abstand. „Mach voran, du Trantüte", schimpft Spinnenbein, „nicht, dass wir die kleinen Monster aus den Augen verlieren."

„So ein Quatsch", schnauft Mistkäfer. „Es ist doch sonst weit und breit niemand zu sehen. Warum soll ich so hetzen?" Obwohl die Temperatur mittlerweile erträglich ist, schwitzt er stark. Sein blaues Hemd klebt ihm am Körper.

Als die beiden Männer beobachten, dass die Kinder in die Zufahrt zur Farm einbiegen, bleiben sie stehen.

„Fürs Erste haben wir genug gesehen. Jetzt wissen wir, wo sie wohnen. Gehen wir zu unserem Lager, bevor wir entdeckt werden", schlägt Mistkäfer vor.

Spinnenbein nickt. „Und morgen kommen wir wieder her und warten auf eine Gelegenheit, uns den kleinen Affen zu schnappen."

KAPITEL 6

Nichts Neues

Am Haupthaus der Straußenfarm angekommen, verabschieden sich die Freunde von Samir. „Das war ein cooler Nachmittag", stellt Lisa-Marie fest.

„Danke Samir, deine Mama und die Dorfbewohner sind voll nett." Vincent ist von dem Besuch noch ganz überwältigt.

Papa und Herr Gorius sitzen am großen Holztisch. Beide haben ein hohes Glas mit Apfelschorle vor sich stehen.

„Holt euch auch was zu trinken. Dann müsst ihr unbedingt erzählen, was ihr heute erlebt habt", fordert Papa die Freunde auf.

Als alle versorgt sind erzählt Tammi von den Tieren, die sie unterwegs gesehen haben.

Vincent war besonders von den Hütten im Dorf fasziniert.

Matteo fand die Dorfbewohner fremdartig aber super nett.

„Und erst die Farben von den Kleidern der Frauen! Die waren der Hammer." Lisa-Marie knallt anerkennend mit ihrem Kaugummi.

„Habt ihr etwas über Dodos Familie herausgefunden?", will Herr Gorius wissen.

„Nichts Genaues. Ein alter Mann glaubt, vor längerer Zeit mal so eine Affenfamilie gesehen zu haben", antwortet Tammi.

Herr Gorius meint: „Jedenfalls habt ihr mehr erfahren, als wir. Von den Rangern, die wir getroffen haben, kann sich keiner an so eine Affenart erinnern.

Leider arbeitet der Ranger, mit dem ich im letzten Jahr von zu Hause aus telefoniert hatte, nicht mehr im Reservat. Der erzählte mir damals, er hätte Affen gesehen, die wie Dodo aussahen."

„Peccato, schade", meint Matteo. „Aber wir geben nicht auf und suchen weiter."

„Heute nicht mehr". Tammis Mama kommt hinzu. „Der Farmer hat mich gerade gefragt, ob wir Lust auf eine Nachtsafari haben."

„Was ist eine Nachtsafari?", fragt Tammi.

„Wir fahren am Abend mit einem offenen Geländewagen an eine der künstlich angelegten Wasserstellen im Reservat. Dort kommen abends die Wildtiere zusammen, um zu trinken.

Auf dem Weg dorthin werden uns eine Menge Tiere begegnen. Und wer weiß, vielleicht können wir sie auch beim Trinken beobachten", erklärt Herr Gorius.

„Voll cool, das machen wir!" Die Freunde sind begeistert.

„Da will ich auch mit." Robin kommt angerannt und klettert auf eine der Holzbänke.

„Klar kommst du mit, Broccoli." Tammi zerzaust ihm seine Haare.

Es rauscht über ihren Köpfen und Jaamal landet gekonnt auf der Schulter von Herrn Gorius. Jay-Jay klettert an seinem Hosenbein hoch. Dodo springt auf Tammis Schoß.

„Jay-Jay und ich haben gespielt unser Lieblingsspiel, onk, onk." Dodo grinst. „Und Jaamal hat aufgepasst, wer gewinnt."

„Was ist euer Lieblingsspiel?", will Tammi wissen.

„Bäume schwingen. Und ich kann schwingen am allerweitesten, onk, onk." Dodo schlägt sich stolz mit der Faust an die Brust.

„Können die drei mit zur Nachtsafari?", fragt Lisa-Marie.

Herr Gorius kratzt sich am Kopf und überlegt. „Mmh, warum eigentlich nicht. Die kennen sich doch hier bestens aus."

Tammi übersetzt für Dodo. Der kreischt begeistert, läuft davon und schlägt einen Purzelbaum nach dem anderen, dicht gefolgt von Jay-Jay und Jamaal. Jamaal versucht, Dodo mit seinem Kreischen noch zu übertrumpfen.

KAPITEL 7

Nachtsafari

Kurz nach dem Abendessen treffen sich alle am Haupt-
haus. Dort stehen schon zwei große Geländewagen be-
reit. Sie haben kein Dach, damit die Fahrgäste von ihren
Plätzen aus alles beobachten können.

Die beiden Fahrer sind mit Walki-Talkis ausgestattet, um
sich während der Fahrt miteinander zu verständigen. Es
sind zwei erfahrene Ranger, die sich gut im Wildreservat
auskennen.

Da es nachts empfindlich kühl wird, werden erst einmal
alle in warme Decken gepackt und mit heißen Getränken
versorgt. Dann kann es losgehen.

Im ersten Wagen sitzen Herr Gorius mit Jay-Jay auf dem
Schoß, Vincent und Matteo. Jamaal hat es sich in letzter
Minute anders überlegt und wollte doch nicht mitkommen.

Den zweiten Geländewagen teilen sich die vier Lohmeiers
und Lisa-Marie. Dodo hat sich zwischen die beiden Mäd-
chen gequetscht und kann kaum still sitzen.

Der Ranger im Wagen der Lohmeiers gibt allen lächelnd die Hand. „Ich bin Jacob und freue mich auf die Nachtsafari mit euch. Es wird euch gefallen. Ihr müsst keine Angst haben. Wenn ihr meine Ratschläge befolgt, kann euch nichts passieren."

Die Wagen holpern in mäßigem Tempo hintereinander durch das Gelände. Tammi schaut sich um. In der Nacht sieht doch alles ganz anders aus. Ein schmaler Mond taucht die Landschaft in mattes Licht. Die Büsche und Bäume werfen seltsame dunkle Schatten.

Lisa-Marie deutet nach oben und flüstert: „Sieh nur Tammi, die vielen Sterne. So viele Sterne habe ich zu Hause noch nie gesehen."

Tammi legt den Kopf in den Nacken und staunt. Der dunkelblaue weite Himmel ist übersät mit unzähligen hell strahlenden Sternen, großen und kleinen.

„Ist das toll! Vor lauter Sternen wird mir ganz schwindlig." Tammi kann sich gar nicht satt sehen.

Plötzlich zeigt Jacob nach vorne. Die Autoscheinwerfer erfassen eine Herde Tüpfelhyänen. Ihre Augen leuchten gelb. Einige fletschen so die Zähne, dass man ihre langen Eckzähne sehen kann.

Die Tüpfelhyänen sehen aus wie große Hunde, aber ziemlich unheimlich. Ihre Vorderbeine sind länger als die Hinterbeine. Sie reißen das Maul auf und kichern. Sie kichern in den unterschiedlichsten Tonlagen. Der Ranger erklärt, dass sich die Hyänen durch kichern untereinander verständigen.

Tammi und Lisa-Marie schütteln sich. Als direkt neben ihrem Jeep ein weiteres durchdringendes Kichern ertönt, bekommt Tammi eine Gänsehaut. „Können wir nicht weiterfahren?", flüstert sie. „Die Hyänen sind mir unheimlich."

Der Ranger lacht: „Solange ihr im Wagen sitzt, sind die vollkommen harmlos." Er greift nach seinem Walki-Talki.

„Hallo Marc, kann es weiter gehen? Den Mädels bei mir im Jeep gefallen die Hyänen nicht."

„Okay", ertönt es aus dem Walki-Talki, und der erste Jeep setzt sich wieder in Bewegung. Die Mädchen atmen auf.

Jacob startet ebenfalls und folgt langsam seinem Kollegen. „Nachts verändert sich die Tierwelt. Jetzt sind andere Tiere unterwegs, wie etwa Löwen und Leoparden. Aber auch Hyänen, wie ihr eben gesehen habt. Alle sind auf der Suche nach Nahrung. Wir fahren jetzt zum nächst gelegenen Wasserloch. Mal sehen, wer sich dort herumtreibt."

Fast eine halbe Stunde holpern sie gemächlich durch die Landschaft. Immer wieder tauchen die seltsamsten Tiere neben den Jeeps auf. Die meisten sind scheu und verschwinden sofort im Gebüsch, wenn sie von den Lichtkegeln der Geländewagen erfasst werden.

„He, schaut mal!" Lisa-Marie deutet auf ein Wesen, das sich nicht von den Geländewagen stören lässt. „Ist das hässlich!"

Jacob hält kurz an, damit seine Passagiere das Tier näher betrachten können. „Das ist ein Erdferkel. Es hat ständig Appetit auf Termiten, traut sich aber nur nachts aus seinem Erdloch heraus, um sie zu jagen."

„Was sind Termiten?", fragt Robin.

„Die sehen aus wie große Ameisen", erklärt ihm Tammi.

Robin findet das Erdferkel urkomisch. „Aber, das ist ja fast nackt und hat nur ein paar borstige Haare", kichert er. „Wahrscheinlich kommt es nur nachts aus seinem Erdloch, weil es sich schämt. Das arme Ferkel!"

Plötzlich dringt nur wenige Meter von ihnen entfernt lautes, tiefes Gebrüll durch die Dunkelheit. Alle halten mitten in der Bewegung inne. Tammi vergisst sogar zu atmen.

Die beiden Wagen stoppen. Die Ranger schalten Motoren und Licht aus. „Da ist eine Gruppe Löwen unterwegs", raunt Jacob.

Tammi sieht, wie sich das hohe Gras am Rand des Fahrweges teilt. Dann funkeln mehrere Augenpaare im Mondlicht. Sie nähern sich den offenen Wagen bis auf wenige Meter. Ihre Schatten sind jetzt gut zu unterscheiden.

Tammi zählt 8 Löwen. Große und kleine. Sie ziehen die Luft ein und schnüffeln, um zu prüfen, ob es hier etwas zu jagen gibt.

Doch da blenden die Ranger wieder die Scheinwerfer auf. Sofort verliert das Löwenrudel das Interesse. Hier gibt es für sie nichts zu jagen.

Die kleinen Löwen springen verspielt um die großen und versuchen sich gegenseitig zu beißen. Sie fauchen leise. Die erwachsenen Tiere drehen um und tauchen im hohen Gras unter. Die Kleinen laufen eilig hinterher. Noch einmal brüllt einer der Löwen. Dann ist alles wieder ruhig.

„Echt der Hammer", Lisa-Marie lässt mit glänzenden Augen anerkennend ihren Kaugummi knallen.

„Ihre Zeit zu jagen ist noch nicht gekommen", erklärt Jacob. „Die Löwen warten, bis der Mond untergeht, dann erst schleichen sie sich an ihre Beute heran."

„Wahnsinn!" Tammi stößt die Luft aus. „Ich wusste gar nicht, dass Löwen so groß sind."

Jetzt erst merkt sie, dass sich Dodo hinter ihrem Rücken in den Sitz gequetscht hat. „He Dodo, was ist denn mit dir los?"

Zögernd krabbelt Dodo wieder nach vorne. „Löwen ich nicht gerne begegne, onk, onk. Wenn die haben Lust auf Affen, ich schnell muss klettern auf einen Baum, onk, onk."

„War wohl doch keine so gute Idee, Dodo mit auf Nachtsafari zu nehmen", meint Papa.

Doch Dodo ist schon wieder der Alte. Er will auf keinen Fall etwas verpassen. „Geht schon klar, die Löwen sind ja jetzt weg, onk, onk."

Die Wagen starten wieder. „Wir sind gleich da", informiert der Ranger.

Nach wenigen Minuten nähern sie sich einer Wasserstelle. Die Oberfläche glitzert im Mondlicht. Die Jeeps fahren so nahe wie möglich heran.

Dann schalten die Ranger die Scheinwerfer wieder aus. „Jetzt heißt es warten", meint Jacob.

Ihre Geduld wird nicht lange auf die Probe gestellt. Erst nähern sich Springböcke. Als die Tiere sicher sind, ungestört zu sein, stillen sie am Rande des Wasserlochs genüsslich ihren Durst. Doch plötzlich heben sie die Köpfe, lauschen und springen wie auf Kommando davon.

„Was ist jetzt los?", fragt Mama.

„Abwarten", flüstert Jacob.

Erst hört Tammi das Knacken von Ästen. Dann spürt sie ein Vibrieren, als würde die Erde beben, gefolgt von einem tiefen grollenden Geräusch. Elefanten nähern sich der Wasserstelle. Prustend und schnaubend saugen sie Wasser in ihre Rüssel. Dann spritzen sie es sich in den Mund.

„Ein Elefant kann bis zu 10 Liter Wasser in seinem Rüssel aufnehmen", erklärt Jacob leise.

„Schaut nur, wie süß!" Robin hat zwei kleine Baby-Elefanten entdeckt, die sich eng an ihre Mütter schmiegen und genau beobachten, was diese tun. Dann tauchen auch sie zögernd ihren kleinen Rüssel ins Wasser und schwingen ihn sich ins Maul. Eine der Elefanten-Mamas streichelt ihrem Baby anerkennend mit dem Rüssel über den Kopf.

Als die Gruppe genug getrunken hat, drehen sich alle wie auf Kommando um und verlassen gemeinsam die Wasserstelle. Eine Weile ist noch das Knacken der Äste und das tiefe Grollen zu hören.

„So", meint der Ranger, „für heute haben wir genug gesehen." Er schaltet sein Walki-Talki ein. „Marc, alles klar bei euch? Es ist schon spät. Fahren wir zurück?"

„Machen wir", antwortet sein Kollege und beide starten den Motor.

Die Rückfahrt dauert fast eine Stunde. Immer wieder hält Jacob an, um Tiere, die ihren Weg kreuzen, nicht zu gefährden.

An der Straußenfarm angekommen, steigen alle mit steifen Gliedern aus. Die Fahrt über das holprige Gelände hat ihre Knochen ganz schön durchgeschüttelt.

Nur Robin hat die letzte halbe Stunde nichts mehr mitbekommen. Er schläft tief und fest. Er wacht auch nicht auf, als Papa ihn auf den Arm nimmt und ins Haus trägt.

„Fantastico, so toll habe ich mir eine Nachtsafari nicht vorgestellt. Das muss ich gleich meiner Mama erzählen." Matteo kramt nach seinem Handy.

„Mensch Leute, was bekam ich einen Schreck, als plötzlich die Löwen brüllten", gesteht Vincent.

„Und ich erst", stimmt ihm Tammi zu, „ich hatte richtig Angst."

„Und Dodo noch viel mehr", meint Lisa-Marie.

„Apropos Dodo, wo ist der denn?" Tammi schaut sich suchend um.

Sie entdeckt ihn bei ihrem Ferienhaus. Dort klettert er gerade auf einen Baum. Jay-Jay folgt direkt hinterher.

„He Dodo, wir gehen jetzt ins Bett!"

„Jay-Jay und ich schlafen auf dem Baum. Wir keine Lust haben auf Hütten", ruft Dodo und verschwindet mit Jay-Jay in der Baumkrone.

KAPITEL 8

Mara

„Tja." Tammi häuft sich einen Löffel Joghurt auf ihr Müsli. „Schade, dass wir gestern Abend keine Affen gesehen haben."

„Dodos Eltern zu finden ist echt kompliziert. Hoffentlich finden die Ranger was raus." Vincent nimmt sich etwas von dem leckeren Rührei.

„Was ist, wenn wir Dodos Familie nicht finden?" Tammi mag gar nicht daran denken.

„So schnell geben wir nicht auf." Lisa-Marie greift nach einem Butterhörnchen. „Was unternehmen wir heute?"

Die Freunde sitzen alleine am Frühstückstisch. Papa und Mama sind mit Robin in die Stadt gefahren. Herr Gorius besucht seine Kollegen.

Vom Haupthaus her nähert sich der Farmer. Er hat den Arm um die Schultern eines Mädchens gelegt. „Guten Morgen, das ist Mara, meine Tochter. Die Woche über ist sie in einem Internat. Die Wochenenden und die Ferien verbringt Mara mit mir auf der Farm. Seit heute hat sie mal wieder eine Woche Ferien."

Der Farmer merkt, dass Mara genervt die Augen rollt. Er lächelt verlegen. „Aber das kann sie euch selbst erzählen. Ich muss in meinen Laden."

Mara schaut ihrem Vater nach. Dann wendet sie sich achselzuckend an die Freunde und seufzt: „Er behandelt mich immer noch wie ein Baby. Das geht mir auf den Keks. Cool, dass endlich mal jemand in meinem Alter hier ist. Wenn ihr wollt, können wir die nächsten Tage voll fett was unternehmen. Habt ihr Bock?"

Die Freunde betrachten Mara neugierig. Sie sieht aus wie ein Junge. Raspelkurze schwarze Haare, schwarzes Shirt, schwarze Shorts und schwarze Springerstiefel mit dicken Sohlen.

„Hi Mara, ich bin Tammi, das sind Lisa-Marie, Vincent und Matteo. Wir haben gerade überlegt, was wir heute machen könnten. Hast du eine Idee?"

„Ich will zur Elefantenkita. Bis dahin ist es nicht allzu weit. Dort gibt es haufenweise Arbeit. Die Pfleger freuen sich über jede Hilfe. Wenn ihr wollt, kommt mit. Ich gehe meistens zu Fuß. Samir kommt auch mit und holt mich wieder ab. Papa mag nicht, wenn ich alleine unterwegs bin."

Die Freunde schauen sich an. Sie müssen nicht lange überlegen. „Klingt gut, wir sind dabei." Lisa-Marie klatscht Maras Hand ab.

„Super, wir treffen uns hier in einer halben Stunde." Mara läuft zum Küchenhaus. Sie sucht Wanda.

Seit Maras Mutter vor zwei Jahren gestorben ist, kümmert sich Wanda um Mara, wenn sie aus dem Internat nach Hause kommt. Wanda hat Mara in ihr Herz geschlossen. Der Boss schimpft immer mit der Köchin, dass sie seine Tochter zu sehr verwöhnt. Mara liebt Wanda sehr.

Die Freunde können es gar nicht erwarten, Mara zum Elefanten-Kindergarten zu begleiten. Doch die lässt sich Zeit.

Matteo stochert in seinem Müsli herum. Er ist zu hibbelig, um weiter zu essen. „Mannagia, verflixt! Wo bleibt sie denn. Vielleicht hat sie es sich schon wieder anders überlegt?"

Lisa-Marie kaut mit vollen Backen, dann schluckt sie und meint: „Ach was, das glaube ich nicht, Mara hätte uns doch sonst nicht gefragt."

Vincent zeigt zum Haupthaus. „Bleibt cool, da kommt sie schon."

Mara wirft sich atemlos neben Lisa-Marie auf die Bank. „Hat doch länger gedauert. Ich musste noch im Laden helfen. Da war gerade echt viel los.

Ein Touristenbus hat auf seiner Tour bei uns gehalten. Die Urlauber wollten sich unsere Straußen-Artikel ansehen. Sie haben mega viel eingekauft. Marissa kam nicht mehr nach, alle zu bedienen."

„Wer ist Marissa?", fragt Matteo.

Mara häuft sich Rührei auf ihren Teller und greift nach einem Toast. „Das ist unsere Verkäuferin im Laden."

Vincent legt sein Besteck weg. „Wir waren noch gar nicht in eurem Laden. Was verkauft ihr denn dort?"

„Oh, alles Mögliche, jedenfalls alles, was mit unseren Straußen zu tun hat. Eier, die Dorfbewohner für uns super toll bemalen, Lederzeug aus Straußenhaut oder Staubwedel aus Straußenfedern. Und natürlich Fleisch und Schinken."

Lisa-Marie nickt. „Das ist wohl so ähnlich, wie bei uns zuhause auf unserem Bauernhof mit den vielen Kühen."

„Wahrscheinlich." Mara schiebt den leeren Teller von sich und schaut in die Runde. „Ich bin fertig."

Am Haupthaus wartet Samir. „Habt ihr alle eure Wasserflaschen?", fragt er. Alle haben Wasserflaschen in ihren Rucksäcken.

Als sie gerade losgehen, kommt kreischend Dodo hinterher gelaufen. „Ihr doch nicht wollt gehen ohne mich? Das ich finde nicht nett. Ich auch will sehen die kleinen Elefanten, onk, onk."

„Mensch Dodo, tut mir leid. Ich hatte nur die Elefantenkita im Kopf. Klar kannst du mit."

Tammi streichelt ihm über den Kopf. Seine Mine hellt sich schlagartig auf. Zufrieden läuft er neben Tammi her.

„He, wie jetzt? Kannst du etwa mit dem Äffchen sprechen?"

Mara schaut verblüfft von Tammi zu Dodo.

„Ach, das ist eine lange Geschichte", meint Tammi.

„Los, erzähl", fordert Mara sie auf. „Es dauert, bis wir bei der Kita sind."

Als Tammi geendet hat, ist Mara erst einmal still. Dann seufzt sie: „Das ist echt abgefahren. Der arme Dodo! Musste für den fiesen Drehorgelspieler tanzen und die Zirkusbesucher um Geld anbetteln. Und so weit weg von seiner Familie. Vielleicht findet ihr etwas über seine Familie heraus. Weißt du was? Ich helfe euch dabei." Fragend schaut sie die Freunde an. „Aber nur, wenn ihr wollt."

„Buona idea, super Idee!" Matteo grinst. "Du kennst dich hier viel besser aus als wir."

Tammi rollt mit den Augen. Wie Matteo Mara anhimmelt! So ein Schleimer. Logo, dass sie sich hier besser auskennt. Sie lebt ja hier. Laut sagt sie: „Wir warten erst mal ab, was die Ranger herausfinden."

In dem Moment schießt ein Fellknäuel an Tammis Beinen vorbei. Es ist Jay-Jay. Vorwurfsvoll fiepend springt er Dodo auf die Schulter. Er ist beleidigt, dass Dodo ihn nicht gleich mitgenommen hat.

Samir, der schon mal vorausgegangen ist, dreht sich ungeduldig zu ihnen um. „Jetzt kommt endlich. Ihr seid so was von lahm."

„Stimmt", meint Mara. „Wir haben uns verquatscht."

KAPITEL 9

Heimliche Verfolger

Die Landschaft sieht ähnlich aus, wie gestern auf dem Weg in Samirs Dorf. Nur mit mehr Hügeln, auf denen dichte Büsche wachsen. Dazwischen stehen immer wieder Baumgruppen mit flachen Blätterkronen. Auch hier ist der Boden staubtrocken.

„Mann, ist mir heiß!" Vincent reißt sein Basecap vom Kopf und fächelt sich damit Luft zu.

„Was sind das da vorne für seltsame Felsen?" Lisa-Marie hat eine Felsengruppe entdeckt, die aussieht, als würden mehrere Leute zusammen stehen. Im Gegensatz zu den anderen Felsen leuchten sie im Sonnenlicht orangerot.

Samir erklärt: „Diese Felsengruppe ist den Eingeborenen sehr wichtig. Sie glauben, dass dort Geister wohnen. Unsere Medizinfrau besucht diese Felsen manchmal. Sie bleibt meistens einen Tag und eine Nacht dort. Sie fragt die Geister um Rat, wenn es im Dorf Probleme gibt."

„Krass." Lisa-Marie knallt mit ihrem Kaugummi. „Klingt ziemlich unheimlich."

„Nö, finde ich nicht", mischt sich Mara ein. „Ist doch toll, dass es Geister gibt, die man um Rat fragen kann."

Während die Freunde noch immer über die geheimnisvollen Felsen sprechen, folgen ihnen Spinnenbein und Mistkäfer. Damit sie nicht entdeckt werden, suchen sie immer wieder Deckung hinter Büschen und Bäumen.

„Wie weit sollen wir denn noch hinter diesen Rotznasen her schleichen? Ich habe langsam die Nase voll", mault Mistkäfer und trocknet sich mit einem schmutzig grauen Taschentuch die Stirn. Sein Gesicht ist rot und glänzt wie eine Speckschwarte. Der Schweiß läuft ihm von den Schläfen.

„Wenn mich nicht alles täuscht", erwidert Spinnenbein, „besucht die Göre in den schwarzen Klamotten mal wieder die Elefanten. Die habe ich dort schon öfter gesehen."

Im Gegensatz zu Mistkäfer ist Spinnenbein so bleich wie immer. Er scheint nicht einmal zu schwitzen. Mit zusammen gekniffenen Augen lugt er durch die Äste des Busches, hinter dem sie sich versteckt haben.

„Mist, unser Affe läuft vor den Kids. Und er hat dieses komische Erdhörnchen auf der Schulter. Wäre doch ein guter Fang, wenn wir uns alle beide schnappen könnten. Nur müsste der Affe mal zurückbleiben, damit uns keiner sieht, wenn wir zuschlagen." Genervt zieht Spinnenbein die Nase hoch. „Hilft alles nichts, wir müssen ihnen weiter folgen."

Er schaut zu Mistkäfer, der sich lustlos am Bauch kratzt.

Heftig stößt er ihn in den Rücken, so dass Mistkäfer nach vorne stolpert. „Jetzt beweg dich, sonst verlieren wir die Lümmel noch aus den Augen."

KAPITEL 10

Die Elefantenkita

„Wir sind gleich da. Hört ihr die Elefanten?", fragt Mara.

Je näher sie kommen, umso lauter wird das Trompeten. Dodo springt Tammi vorsichtshalber auf den Arm. Elefanten sind ihm nicht geheuer. Jay-Jay krabbelt an Vincents Bein hoch. Auch er will sich erst einmal alles von einem sicheren Platz aus anschauen.

Das Gelände ist weiträumig mit einem Gatter geschützt. Direkt am Eingang steht ein langes flaches Haus aus Lehm mit einem Strohdach. Dort ist die Verwaltung untergebracht.

"Kommt, ich gebe Bescheid, dass wir da sind." Mara öffnet die Tür und ruft: „Hallo, keiner da?"

Lächelnd kommt ein junger Afrikaner auf sie zu. „Hi Mara, schön, dass du da bist. Wir haben auf dich gewartet. Gipsy ist schon ganz unruhig. Ich glaube, sie weiß immer, wann du kommst. Wie ich sehe, hast du heute Verstärkung mitgebracht."

Mara stellt alle vor.

„Willkommen im Elefanten-Waisenhaus. Ich bin Thomas. Ihr habt Glück, es ist Essenszeit. Kommt mit!"

Gespannt folgen ihm die Freunde.

In der Nähe des Eingangs drängen sich unter einem großflächigen Holzdach kleine und nicht mehr ganz so kleine Elefanten. Sie können es kaum erwarten, ihre Milch zu bekommen. Sie wedeln mit den Ohren, schwingen ihre Rüssel über den Kopf nach hinten und öffnen erwartungsvoll das Maul.

„Sind die süß!" Tammi ist begeistert.

Drei Tierpfleger versorgen die jungen Elefanten. Sie halten ihnen große Milchflaschen direkt ins Maul. Gierig werden sie innerhalb von wenigen Sekunden leer getrunken.

„Wollt ihr auch mal füttern?", fragt einer der Pfleger.

Natürlich wollen sie. Abwechselnd stecken sie Milchflaschen in die schmatzenden Mäuler. Das ist ganz schön anstrengend, die Elefanten können nicht genug bekommen. Elefantenkinder trinken nämlich bis zu sieben Flaschen hintereinander.

Mara erklärt: „Bis sie fünf Jahre alt sind werden Elefanten mit Milch gefüttert. Und das drei Mal am Tag. Dazwischen essen sie vegetarisch, also Äste, Gras, Rinden, Wurzeln, Früchte und Gemüse."

„Seht mal den kleinen Knuffel dort hinten. Wie er die anderen zur Seite schubst, um hierher zu kommen!", ruft Tammi.

Mara lacht und schnalzt mit der Zunge. „Leute, das ist Gipsy."

Gipsy bahnt sich einen Weg zu ihr. Bei Mara angekommen, streicht sie ihr schnaubend mit dem Rüssel durchs Gesicht. Dann packt Gipsy zur Begrüßung zärtlich Maras Nase.

Die lacht: „Ist gut, Gipsy, ich hab dich auch lieb!"

Jetzt tastet Gipsy nach Maras Hosentasche. Sie vergräbt ihren Rüssel darin und zieht triumphierend ein Stück Traubenzucker hervor. Genüsslich steckt sie es sich ins Maul.

„Echt krass, das gibt's doch gar nicht!" Lisa-Marie reißt die Augen auf.

„Incredibile, unglaublich, wusste nicht, dass Elefanten so schlau sind", staunt Matteo.

„Dürfen wir Gipsy auch mal streicheln?", bittet Tammi.

„Klar, Gipsy liebt das." Mara setzt sich auf den staubigen Boden. Erst knabbert Gipsy ganz zart an Maras Schulter. Dann legt sie ihren Kopf darauf, schließt die Augen und grollt leise. Das hört sich an, wie das Schnurren einer großen Katze.

Als sich Tammi und Lisa-Marie nun ebenfalls neben Mara auf den Boden setzen, hebt der kleine Elefant wachsam den Kopf.

Droht von den fremden Menschen Gefahr?

Die Mädchen bleiben ruhig sitzen. Neugierig beginnt Gipsy Tammi und Lisa-Marie zu beschnuppern. Dabei wedelt sie pausenlos mit ihren großen Ohren.

Sie findet die beiden sympathisch. Denn plötzlich plumpst sie mit ihrem dicken Hinterteil auf den Boden und legt ihren schweren Kopf mit behaglichem Schnauben in Maras Schoß.

Tammi und Lisa-Marie knuddeln Gipsy ausgiebig. Sie merken gar nicht, dass einer sie argwöhnisch beäugt.

Als Tammi so gar nicht mit dem Streicheln aufhören will, wird es Dodo zu bunt. Kreischend springt er auf Tammis Schulter und von da direkt neben Gipsy.

Gipsy rollt sich erschrocken zur Seite und kommt erstaunlich schnell auf die Beine. Als sie steht, stampft sie mit ihren dicken Beinen wütend auf den Boden. Sie dreht sich zu Dodo und trompetet so laut, dass die anderen Elefanten alarmiert die Köpfe heben. Dann stolziert Gipsy beleidigt davon.

„Mensch Dodo, was war das denn? Spinnst du?" Tammi springt auf. „Jetzt hast du Gipsy vertrieben."

Mara klopft sich den Staub von ihrer schwarzen Jeans. „Dodo kann froh sein, dass Gipsy ihm mit dem Rüssel keine gescheuert hat. Sie hat schon mächtig viel Kraft."

Tammi übersetzt für Dodo. Der kleine Affe kratzt sich am Kopf und sieht beschämt zu Boden. „Du hast Augen gehabt nur noch für den Elefanten. Ich nicht wollte, dass du mich vergisst, onk, onk."

„Komm her, dummer Kerl. Nur weil ich Gipsy mag, hab ich dich doch nicht weniger lieb." Tammi hebt Dodo hoch und gibt ihm einen Kuss auf seinen struppigen Kopf.

Dann wendet sie sich an Mara. „Wusste gar nicht, dass Dodo so eifersüchtig sein kann. Hoffentlich beruhigt sich Gipsy bald wieder."

„Helft ihr weiter bei der Fütterung. Die dauert noch eine Weile. Derzeit kümmere ich mich um Gipsy." Mara läuft hinter dem wütenden Elefantenmädchen her.

Kleinlaut schleicht Dodo zu Jay-Jay, der das Ganze von seinem Platz auf dem Gatter beobachtet hat.

Als alle Elefanten satt sind, suchen Lisa-Marie und Tammi nach Mara. Sie sitzt unter einem Baum und kaut auf einem Grashalm herum. Gipsy liegt neben ihr und schaut von dort aus den Mädchen entgegen.

Mara grinst: „Gipsy hat sich wieder abgeregt. Sie ist nie lange beleidigt. Eben war Samir da. Er bekam einen Anruf auf sein Handy. Ein paar Strauße sind ausgebüxt. Er musste zur Farm zurück, wird uns aber so schnell es geht abholen.

Vincent und Matteo waren auch hier. Sie sind runter zum Wasserloch. Sie wollen den Elefanten beim Baden zusehen. Macht das doch auch."

Mara gibt Gipsy einen Klaps, steht auf und streckt sich. „Ich muss noch das Stroh auf ihrem Schlafplatz wechseln."

„Okay, kommst du nach?", Lisa-Marie steckt sich einen frischen Kaugummi in den Mund.

„Geht klar", nickt Mara.

KAPITEL 11

Planschen im Wasserloch

Die Mädchen können die Wasserstelle gar nicht verfehlen. Sie müssen nur dem lauten ausgelassenen Trompeten der Elefanten folgen.

„Alter, was geht denn hier ab?", Lisa-Marie betrachtet die Elefanten im Wasserloch.

„He, Lisa-Marie, das glaubt uns keiner, wenn wir das zu Hause erzählen!". lacht Tammi

Vor ihnen tummeln sich große und kleine Elefanten im schlammig braunen Wasser. Einige tauchen darin unter. Andere staken im Wasser herum, saugen ihren Rüssel voll und besprühen sich, als würden sie unter der Dusche stehen.

Zwei Baby-Elefanten versuchen auf den Rücken eines älteren Jungtieres zu steigen, das gemütlich im Wasser liegt. Immer wieder rutschen sie ab. Der junge Bulle lässt es sich gutmütig gefallen. Er regt sich nicht, nur ab und zu wackeln seine Ohren.

„Tammi, Lisa-Marie!" Vincent sitzt mit Matteo auf der Böschung über dem Wasserloch und winkt. Die Jungs schauen zu, wie ein Tierpfleger mit einer großen Bürste den Rücken eines Elefanten schrubbt. Der hat die Augen geschlossen und genießt die Behandlung.

Als der Pfleger fertig ist, treibt er den Elefanten aus dem Wasser. Die anderen folgen. Für heute ist es genug.

„Avanti, kommt, wir suchen Mara", schlägt Matteo vor.

Was der nur immer mit Mara hat? denkt Tammi. Langsam folgt sie den anderen.

Durch die vielen Elefantenfüße ist es am Ufer ganz schön glitschig. Matteo tritt in ein großes Schlammloch, rudert mit den Armen und fällt rückwärts in den Matsch. Taumelnd kommt er wieder auf die Beine. Alle prusten los. Betreten schaut er an sich herunter.

„He Matteo, du siehst echt super aus." Grinsend steht Mara vor ihm. „Komm, im Haupthaus gibt es Duschen. Stell dich gleich mit deinen Klamotten drunter. Anders wirst du den Schlamm nicht los. Du kannst auf dem Heimweg trocknen."

Mist, denkt Matteo, warum muss Mara ausgerechnet jetzt auftauchen? Mit rotem Kopf läuft er an den Freunden vorbei, die ihm lachend hinterher schauen.

Als er frisch abgeduscht mit nassem Shirt und Hose wieder auftaucht, warten die anderen schon ungeduldig.

Mara meint genervt: „Menno, das hat aber gedauert. Wir müssen zurück zur Farm. Ich kann Samir nicht erreichen. Die Handyverbindung klappt nicht. Bestimmt ist er zu uns unterwegs. Wir bleiben auf dem Hauptweg. Da können wir ihn nicht verpassen.

Tammi ruft nach Dodo und Jay-Jay. „Kommt ihr? Wir wollen nach Hause."

„Ist gut Tammi, onk, onk." Die beiden rennen an den Kindern vorbei und schlagen sich seitwärts in die Büsche.

KAPITEL 12

Verlaufen

Auf dem Rückweg albern die Freunde herum. Mara erzählt lustige Geschichten von der Straußenfarm. Sie achten nicht mehr auf ihre Umgebung.

Plötzlich bleibt Vincent stehen. „Sagt mal, wir laufen schon ganz schön lange. Wo bleibt denn Samir?"

„Ich verstehe das auch nicht. Er müsste schon längst da sein", Mara schaut auf ihre Uhr.

„Mensch, seht euch mal den Himmel an." Vincent zeigt besorgt nach oben.

Ohne dass die Freunde es bemerkt haben, hat sich der Himmel mit einer schwefelgelben und grauen Wolkendecke überzogen. Die Sonne ist dahinter verschwunden.

Matteo schaut sich um. „Mir kommt hier gar nichts mehr bekannt vor. Sind wir noch auf dem richtigen Weg?"

Mara dreht sich einmal um die eigene Achse. „Mmh, ich glaube schon. Aber wenn du mich so fragst, weiß ich es auch nicht genau. Wir haben so viel gequatscht, dass ich nicht mehr auf den Weg geachtet habe."

„Was machen wir jetzt?" Tammi schaut besorgt zu Mara.

„Keine Panik, ich versuche nochmal, Samir anzurufen."

Mara tippt Samirs Nummer in ihr Handy. „Mist, wir haben keinen Empfang." Sie wedelt mit dem Handy herum und läuft hin und her. „Nee, alles tot, es reagiert nicht."

Die Freunde schauen sich ratlos an. Plötzlich ruft Tammi: „Wo sind denn Dodo und Jay-Jay?"

Die Kinder waren so mit sich beschäftigt, dass sie nicht auf die beiden geachtet haben.

„Dodo, Jay-Jay!", rufen sie abwechselnd. Alles bleibt ruhig.

„Menno, die können doch nicht einfach so abhauen. Die müssen doch hier irgendwo sein. Kommt, wir teilen uns auf und suchen die beiden", schlägt Lisa-Marie vor.

Vincent, der seinen Rucksack abgestellt hatte, rückt ihn wieder auf seinen Schultern zurecht. „Okay, machen wir. Ich suche mit Tammi und Lisa-Marie. Matteo, du suchst mit Mara."

„Geht klar. Ich bin mir ziemlich sicher, dass die Farm in dieser Richtung liegt." Mara zeigt auf einen Trampelpfad, der sich rechts von ihnen durch das trockene Gras schlängelt. „Der Pfad hier führt wieder auf den Hauptweg und von da direkt nach Hause. Dort geht ihr entlang.

Ich suche mit Matteo die andere Seite ab. Wir treffen uns dann an der Farm."

Tammi wäre auch gerne mit Matteo gegangen. Aber dann findet sie ihre Gedanken blöd. Sie weiß selbst nicht, warum sie so komische Sachen im Kopf hat. Ich werde doch nicht auf Mara eifersüchtig sein, überlegt sie. Egal, darüber denke ich später nach. Erst einmal müssen wir Dodo finden. Schnell läuft sie hinter Lisa-Marie und Vincent her.

KAPITEL 13

Bäumeschwingen

Dodo und Jay-Jay streifen auf den Nachhauseweg unbeachtet von den Freunden in der Gegend herum. Dabei stoßen sie auf ein kleines Wäldchen.

Begeistert vor sich hin keckernd klettert Dodo blitzschnell an einem Baumstamm hoch. In der Blätterkrone schaut er sich um. Er schätzt die Entfernung zum nächsten Baum, hänge sich mit seinen langen Armen an einen Ast und schwingt hin und her.

Als er genug Schwung hat, lässt er den Ast los und fliegt kreischend auf den Nachbarbaum. Von dort aus guckt er grinsend auf Jay-Jay hinunter, ob der ihn auch gebührend bewundert.

Jay-Jay macht es Dodo nach. Gekonnt klettert er ebenfalls am Baumstamm hoch und springt fiepend auf den Ast hinter Dodo.

Dodo kann nicht mehr widerstehen. Er macht das, was er am allerliebsten macht. Er schwingt auf den nächsten Baum und dann wieder auf den nächsten und so weiter.

Als er merkt, dass Jay-Jay nicht nachkommt, wartet er auf ihn. Jay-Jay klettert Dodo auf die Schulter, hält sich mit seinen Pfötchen an dessen Fell fest und weiter geht's.

Als sich Dodo und Jay-Jay in die Büsche schlagen, werden sie von Spinnenbein und Mistkäfer beobachtet. „Komm, flüstert Spinnenbein, „das ist die Gelegenheit. Wir folgen den beiden."

„Wenn du meinst. Hoffentlich dauert das nicht zu lange." Missmutig zieht sich Mistkäfer seine Hose hoch. Die rutscht ihm immer wieder von seinem dicken Bauch.

„Sei nicht so faul. Du willst doch auch, dass wir mit dem Affen wieder Geld in die Taschen bekommen." Spinnenbein duckt sich und schleicht hinter Dodo und Jay-Jay her.

Anfangs ist es kein Problem, den beiden zu folgen. Doch dann beobachten die Tierfänger, wie Dodo plötzlich auf einen Baum springt, Jay-Jay es ihm nachmacht und beide anfangen, sich von Baum zu Baum zu schwingen.

„He, das gilt nicht. Wie sollen wir denen denn jetzt folgen?" Mistkäfer bleibt stehen, reißt die Augen auf und deutet anklagend auf Dodo und Jay-Jay.

„Dann müssen wir eben schneller laufen." Spinnenbein sprintet los. Er ist nicht gewillt, seine Beute aus den Augen zu lassen.

Schnaufend und leise vor sich hin schimpfend läuft Mistkäfer hinter ihm her. Dabei hält er krampfhaft seine Hose fest.

Die Fieslinge müssen sich mächtig anstrengen. Dodo denkt nicht daran, mit Schwingen aufzuhören. Die Äste knacken und die Baumkronen rauschen so laut, dass Dodo und Jay-Jay Spinnenbein und Mistkäfer nicht bemerken.

Selbst als Mistkäfer mit einem Fuß auf einen Ast tritt, „autsch" schreit, weil er sich den Fuß verknackst hat, bekommen sie nichts mit. Zu sehr sind sie in ihr Spiel vertieft.

Als die Bäume weniger werden, stoppt Dodo und schaut sich um. Oh je, denkt er, ich gar nicht habe auf den Weg geachtet. Wir unbedingt müssen zurück.

Auf dem Rückweg findet Jay-Jay Bäumeschwingen auf einmal langweilig. Fiepend springt er von Dodos Schulter und klettert den Baumstamm hinunter. Er will ein Stück laufen.

Dodo macht es ihm nach. Denn auch am Boden gibt es so viel Spannendes zu entdecken. Er dreht Steine um und sucht darunter nach leckeren Würmern und Käfern.

Jay-Jay gräbt im Sand nach Skorpionen. Als vor ihm ein appetitlicher, dicker schwarzer Käfer vorbei läuft, schnappt er zu und verschlingt ihn.

Da bemerkt er neben sich auf dem Boden einen langen schwarzen Schatten. Der Schatten sieht wie ein Mensch aus. Blitzschnell verschwindet Jay-Jay in den Büschen. Dabei stößt er einen schrillen Pfiff aus. Der Pfiff bedeutet höchste Gefahr. Jay-Jay will noch einmal pfeifen. Doch dazu kommt er nicht mehr. Er wird gepackt, hochgehoben und in einen Sack gesteckt. Er kann nichts mehr sehen. Hilflos zappelt er herum.

Dodo verspeist gerade schmatzend einen Wurm. Er hat den Pfiff von Jay-Jay nicht wahrgenommen. Da wird eine Schlinge über seinen Kopf geworfen. Erschreckt kreischt er auf und will weglaufen. Doch dadurch zieht sich die Schlinge nur noch enger um seinen Hals. Er wird festgehalten, das Seil mehrmals um ihn herum gezurrt. In Panik wirft er sich hin und her.

„Schluss jetzt, krieg dich wieder ein!", hört Dodo eine Stimme. Die Worte versteht er nicht, die Stimme aber kommt ihm bekannt vor. Er hört auf zu zappeln und schaut hoch.

Das darf doch nicht wahr sein! Vor ihm stehen die zwei bösen Männer, die ihn schon einmal gefangen haben. Dodo keucht. Vor Angst wird ihm schlecht. Wo ist Jay-Jay, denkt er. Wild schaut er sich um.

„Na, du brauchst gar nicht nach deinem Freund zu suchen. Sieh mal, den haben wir hier kuschelig eingepackt.

Der kann dir nicht helfen." Grinsend hebt Mistkäfer den braunen Sack hoch, in dem Jay-Jay zappelt.

„Wir müssen weiter." Ungeduldig zerrt Spinnenbein Dodo an dem Strick hinter sich her. „Nicht, dass uns die Rotzlöffel noch begegnen."

Dodo ist im Kopf ganz wirr. Wehrlos und geschockt stolpert er hinter Spinnenbein her. Mistkäfer folgt ihnen mit Jay-Jay im Sack. Manchmal hört Dodo Jay-Jay fiepen.

Wo nur sind Tammi und die anderen? Die uns doch müssen vermissen. Dodo hofft so sehr, dass die Kids nach ihnen suchen.

Doch außer Vogelgezwitscher ist nichts zu hören. Dicke Tränen laufen Dodo aus den Augen. Jetzt alles fängt von vorne an, denkt er. Ich werde weggebracht und verkauft. Muss wieder tanzen für einen bösen Mann und Geld einsammeln.

KAPITEL 14

Tobendes Gewitter

„Dodo, Jay-Jay-, wo seid ihr nur?" Tammi läuft den Trampelpfad entlang, Lisa-Marie und Vincent hinterher. Abwechselnd rufen sie nach den beiden Ausreißern. Aber kein Dodo und kein Jay-Jay sind in Sicht.

„Leute, ich glaube, es gibt bald ein böses Gewitter." Vincent schaut besorgt nach oben.

Über den schwefelgelben Himmel ziehen immer mehr dicke, schwarze Wolken. Sie sehen sehr bedrohlich aus. Die Vögel sind verstummt. Es herrscht gespannte Ruhe.

„Das ist voll unheimlich." Lisa-Marie runzelt die Stirn. „Was machen wir denn jetzt?"

Tammi schaut sich um. In der Ferne sieht sie mehrere Felsen aufragen. Vor dem diesigen gelb grauen Himmel stehen sie orangerot zusammen. „Sagt mal, haben wir diese Felsen nicht schon mal gesehen?"

Vincent schaut genauer hin. „Das ist doch die Felsengruppe, die wir auf unserem Ausflug mit Samir gesehen haben. Dort soll es Höhlen geben."

Lisa-Marie verscheucht eine Stechmücke von ihrem Arm. „Hat Samir nicht auch erzählt, dass es dort Geister gibt?"

Bevor jemand antworten kann, fegt plötzlich ein Windstoß über die Kinder hinweg. Büsche und Bäume biegen sich. Sandkörner und trockene Zweige fliegen ihnen um die Ohren. Die schwarzen Wolken jagen jetzt über den Himmel. Man hört ein unheimliches Summen.

„Nichts wie weg hier!" Vincent packt seine Schwester an der Hand und läuft los. Lisa-Marie greift mit der anderen Hand nach Tammi. Die hält sie ganz fest. Alle drei sprinten auf dem Trampelpfad Richtung Felsen.

Der Wind wird immer heftiger. Mit einem Mal zerreißt ein greller Blitz die schmutzig grauen Wolken. Der aufgewirbelte Sand peitscht den Freunden in die Augen. Halb blind laufen sie auf die Felsen zu. Ein lauter Donnerschlag kracht ihnen um die Ohren. Keuchend rennen sie weiter.

„Wir sind gleich da", schreit Tammi gegen den Lärm und den Wind an. „Schneller!"

Kurz bevor die Kinder die Felsengruppe erreichen, öffnen sich die schweren Wolken. Große Hagelkörner prasseln auf sie herab. Geduckt laufen sie weiter.

Jetzt sind sie an den Felsen angekommen. Aber wohin?

Die Felsen stehen so dicht beisammen, dass kein Eingang erkennbar ist.

Unter einem kleinen Vorsprung bleibt Vincent stehen.

„Wartet hier. Ich suche einen Eingang."

„Okay", Tammi streift sich die nassen Haare aus dem Gesicht.

Lisa-Marie schüttelt Hagelkörner von ihrem Shirt. „Echt krass", schnauft sie ganz außer Atem.

Mittlerweile ist der Hagel in einen heftigen Regen mit dicken Tropfen übergegangen. Die Mädchen versuchen, durch die Regenwand etwas von Vincent zu sehen.

„Wo bleibt er nur so lange?" Ungeduldig kaut Lisa-Marie auf ihrem Kaugummi herum.

„Wird schon gleich zurück sein." Tammi klingt zuversichtlicher, als ihr zumute ist.

Endlich hören sie Vincent rufen: „Hallo, wo seid ihr? Ich glaube, ich habe was gefunden!" Gleich darauf taucht er vor ihnen auf.

„Kommt mit, da hinten ist ein breiter Spalt im Felsen. Der führt direkt in einen Gang. Dort können wir uns unterstellen. Haltet euch an mir fest."

Langsam umrunden die Kinder die Felsengruppe. Mittlerweile hat der Regen alles aufgeweicht. Es ist glitschig. Sie müssen aufpassen, nicht auszurutschen.

Vincent bleibt stehen. „Hier ist es."

KAPITEL 15

Unheimliche Höhlen

Tammi und Lisa-Marie erkennen unter einem Felsvorsprung eine Öffnung im Gestein. Sie ist so breit, dass sie bequem hindurch schlüpfen können.

Drinnen ist es stockfinster, aber trocken.

„Gut, dass ich immer eine Taschenlampe dabei habe." Vincent kramt in seinem Rucksack.

Der Lichtstrahl fällt auf einen schmalen Gang innerhalb des Felsens. Dem folgen die Freunde.

„Seht mal!" Aufgeregt zeigt Vincent mit der Taschenlampe nach vorne. Im Lichtkegel sehen es Tammi und Lisa-Marie auch.

Der Gang führt in eine Höhle. Und was für eine Höhle. Im Schein der Taschenlampe leuchten die Felsen auch hier orange.

„Wahnsinn." Tammi zeigt auf die Wände. Sie sind voll mit Zeichnungen von Tieren und Menschen. Die meisten sehen freundlich aus. Manche aber auch ganz schön gruselig. So als hätte jemand Hexen und böse Geister gemalt. Im unruhigen Licht der Taschenlampe wirken sie sehr lebendig.

In einer Ecke stapeln sich unordentlich Holzscheite aufeinander. In der Mitte hat jemand aus Steinen einen Ring zusammengefügt. Darin häuft sich verbrannte Asche.

In einer anderen Ecke finden die Kinder ein breites Holzgestell, auf dem zwei staubige alte Decken liegen. Früher waren sie wohl mal bunt, jetzt sind die Farben verblasst.

In die Rückwand der Höhle wurden Nägel eingeschlagen. An denen hängen dünne Lederbänder. Sie sind mit Federn und kleinen Glöckchen geschmückt. Die Federn bewegen sich und die Glöckchen klingeln leise.

„Komisch, wieso ist hier Wind, der die Bänder bewegt?", fragt Vincent.

„Seht doch! Neben den aufgehängten Glöckchen geht es weiter. Da ist noch eine Öffnung." Mittlerweile flüstert Tammi, weil ihr die Höhle unheimlich ist.

„Stimmt." Lisa-Marie flüstert nun auch. Sie hat das Gefühl, als wäre jemand in der Nähe.

„Das schauen wir uns an." Vincent ist der einzige, der sich traut, normal zu sprechen. „Ist doch außer uns keiner da." Entschlossen schlüpft er durch die Öffnung.

Zögernd folgen ihm die Mädchen. Tatsächlich, dieser Gang führt noch tiefer in den Felsen hinein. Der Lichtkegel der Taschenlampe tanzt vor ihnen her. Überall liegen seltsame Federn, Hölzchen und kleine bunte Steine herum.

Lisa-Marie schreit leise auf und deutet auf die Felswand. Vincent hält die Taschenlampe darauf. Dort hängen an einer Schnur aufgereiht mehrere kleine Skelette von Vögeln. Jemand hat sie bunt angemalt.

„Ich bin froh, wenn wir hier wieder raus kommen." Tammi schüttelt sich.

Nach ein paar Metern mündet der Gang in eine weitere Höhle. Im Gegensatz zu der ersten ist diese sehr hoch. Als die Kinder nach oben schauen, können sie in der Felsenkuppel ein Loch erkennen. Durch das fällt blasses Tageslicht herein.

In dem Moment kracht ein ungeheurer Donner über ihren Köpfen. Der Donnerschlag vibriert in der Höhle und wird von den Wänden als Echo zurückgeworfen. Die drei zucken zusammen.

„Mit dem Rausgehen wird es erst mal nichts. Wir müssen hierbleiben, bis das Gewitter vorbei ist. Bis dahin können wir es uns genauso gut ein bisschen gemütlicher machen." Energisch schaut sich Lisa-Marie um.

„Ich habe ein Feuerzeug dabei. Wir können in der ersten Höhle ein Feuer machen", schlägt Vincent vor. „Es ist verdammt kalt hier."

„Schscht!" Tammi hält sich einen Finger an die Lippen. Sie hat Schritte gehört. Etwas schlurft über den Felsboden. Ein leises Jammern ist zu hören.

„Taschenlampe aus", raunt Lisa-Marie.

Tammi läuft es kalt über den Rücken. Ob das wohl die Geister sind, von denen Samir gesprochen hat? Fest krallt sie ihre Hand in Vincents Shirt.

Lisa-Marie duckt sich und macht sich ganz klein. Samir hatte ihnen erzählt, dass es oft die Geister der Vorfahren sind, die sich solche Plätze aussuchen. Sie wollen mit lebenden Medizinfrauen und Medizinmännern in Kontakt treten.

Als Samir das sagte, hatte Lisa-Marie nur ungläubig gelacht. „Das sind doch nur Märchen. Die gibt es bei uns zuhause auch."

Gerade aber ist Lisa-Marie nicht mehr so sicher. Vielleicht gibt es hier doch Geister.

Jetzt unterscheiden die Kinder zwei Stimmen, Männerstimmen. Lisa-Marie atmet auf und flüstert: „Das hört sich aber nicht nach Geistern an."

„Was ist das denn für ein Sauwetter! Das hat uns gerade noch gefehlt. Stell deinen Sack ab, und lass den Kleinen raus. Wickle ihm einen Strick um den Hals und pass auf, dass er dir nicht abhaut", schnauzt eine wütende Stimme.

„Ist ja schon gut. Lass mich doch erst mal verschnaufen. Mir ist von der Lauferei ganz schlecht. Außerdem bin ich klatschnass. Das kann ich nicht leiden", nörgelt eine zweite Stimme.

„Stell dich nicht so an. Suche Holz zusammen, dann machen wir ein Feuer. Wir müssen warten, bis das Gewitter vorbei ist. Man sieht da draußen ja nicht die Hand vor Augen."

Vincent stupst Tammi in die Seite und legt seinen Mund an ihr Ohr. „Die hören sich böse an. Wir müssen uns verstecken, bevor sie in die zweite Höhle kommen."

Tammi nickt. Aber wo? Vincent hat gut reden. Als er die Taschenlampe ausgeschaltet hat, konnte sie erst einmal nichts sehen. Doch mittlerweile hat sie sich an das Dämmerlicht gewöhnt. Durch das wenige Licht, das von oben in die Höhle fällt, kann sie die Umrisse ihrer Freunde erkennen.

Wir sollten versuchen, die Felsen hochzuklettern, um die Öffnung zu erreichen, überlegt Tammi. Sie fuchtelt mit den Händen und deutet nach oben. Vincent und Lisa-Marie nicken.

Langsam, ganz langsam, um nur ja kein Geräusch zu machen, schleichen die Kinder unter die Öffnung.

Doch da streift Lisa-Marie mit einer Schnalle ihres Rucksacks an einem Felsvorsprung vorbei. Das macht ein schabendes metallenes Geräusch. In der Stille hört es sich überlaut an. Die Kinder erstarren zur Säule.

„Halt, ist da wer?" Die erste Stimme dröhnt bis zu ihnen herüber.

Die Freunde rühren sich nicht.

„Ich habe doch was gehört", poltert die Stimme. „Du nicht auch? Komm, lass uns mal nachsehen!"

Die Kinder hören Schritte in den zweiten Felsengang einbiegen. „Komm raus, wer sich da versteckt hält", brüllt die Stimme.

Die Kinder bewegen sich nicht.

Plötzlich flattert etwas über ihnen. Harte Flügelschläge streifen ihre Köpfe. Ein helles pfeifendes Geräusch hallt über sie hinweg. Beinahe hätte Tammi laut geschrien. Sie beißt sich vor Aufregung in die Hand.

Dann sieht sie es. Zwei Fledermäuse flattern aufgeschreckt den Gang entlang auf die Stimmen zu. Immer wieder stoßen sie helle Laute aus, um sich zu orientieren. Sie können ja nichts sehen.

„He, falscher Alarm!", ruft die Stimme. „Sind nur Fledermäuse. Mach endlich Feuer!"

Tammi hat die ganze Zeit die Luft angehalten. Langsam atmet sie aus. „Uff, noch mal gut gegangen", flüstert sie.

Jetzt kreischt jemand: „Lass mich in Ruhe. Ich nichts habe dir gemacht, onk, onk. Ich will nach Hause!"

Tammi stutzt. „Das war doch Dodo", wispert sie.

„Ach Quatsch, wie soll Dodo denn hierherkommen?", Vincent hat nicht hingehört. Er überlegt, wie er am besten zu dem Loch oben im Felsen klettern kann.

„Wartet mal", zischt Lisa-Marie, „Ich verstehe zwar das Gekreische nicht, aber das ist tatsächlich Dodos Stimme."

„Jay-Jay will auch nach Hause, onk, onk. Wir schon viel zu lange weg." Dodo hat ganz vergessen, dass ihn außer Tammi niemand versteht. Tammi hört, wie er laut die Luft durch seine gespitzte Schnauze einzieht. Dann ist er immer besonders aufgeregt.

Oh je! Das sind tatsächlich die beiden Ausreißer. Anscheinend wurden sie von Wilderern eingefangen. Tammis Gedanken überschlagen sich. „Wir müssen unbedingt etwas tun", raunt sie atemlos.

„Aber was?" Lisa-Marie kratzt sich ratlos am Kopf.

Draußen regnet es noch immer. Wasser rinnt an mehreren Stellen leise plätschernd die Steinwände herab. In der Ferne kann man gedämpftes Donnergrollen hören.

„Kommt, da hinten können wir uns hinsetzen. Dort ist es trocken." Vincent deutet auf ein paar Felsbrocken, die sich irgendwann mal von der Decke gelöst haben. „Wir müssen einen Plan machen."

„Hast du schon eine Idee?" Lisa-Marie will gerade eine Kaugummiblase platzen lassen, besinnt sich noch rechtzeitig und drückt den Kaugummi erschrocken wieder in den Mund. Das hätte gerade noch gefehlt!

„Noch nicht. Aber wir können Dodo und Jay-Jay auf keinen Fall den Dieben überlassen. Habt ihr einen Plan?" Vincent schaut die Mädchen fragend an.

„Vielleicht können wir uns anschleichen, wenn die Kerle nicht aufpassen. Dann schnappen wir uns Dodo und Jay-Jay und laufen mit ihnen davon", schlägt Tammi leise vor.

„Echt jetzt, wie soll das denn gehen? So groß ist die Höhle nicht. Die sehen uns doch sofort", winkt Vincent ab.

„Wir wissen noch nicht mal, wohin wir laufen sollen. Wir kennen uns doch hier nicht aus", flüstert Lisa-Marie. „Matteo und Mara suchen bestimmt schon nach uns. Was für ein Schlamassel!"

KAPITEL 16

Befreiungsaktion

„Seht mal, die Diebe haben Feuer gemacht. Das flackert bis hierher. Wir können auch ohne Taschenlampe den Pfad erkennen. Los, wir schleichen uns an. Ich will sehen, was die machen. Passt aber auf, nicht wieder irgendwo anzustoßen." Vincent steht auf und ist gleich darauf im Gang verschwunden. Vorsichtig tastet er sich an den Wänden entlang. Die Mädchen folgen dicht hinter ihm.

Wieder schimpft die erste Stimme. „Du bist so verfressen, kannst du immer nur an Essen denken? Du bist doch wirklich schon dick genug."

Vorsichtig linsen die Freunde um die Ecke. An der Feuerstelle sitzt ein spindeldürrer Mann mit langem, hagerem Gesicht. Die Haare hat er sich zu einem dünnen Pferdeschwanz zusammengebunden. Er kaut auf einem Stöckchen herum und schaut grimmig auf einen dicken Kerl mit fettigen schwarzen Haaren, der neben ihm am Boden lümmelt.

Der Kerl schmatzt geräuschvoll und kramt in seinem Rucksack. „Irgendwo muss noch eine Tafel Schokolade sein", murmelt er vor sich hin. Triumphierend zieht er sie heraus und leckt sich voller Vorfreude seine dicken Lippen.

Tammi raunt: „So ein Zufall, das gibt es doch gar nicht! Die beiden sehen genau so aus, wie Dodo uns Spinnenbein und Mistkäfer beschrieben hat." Dann entdeckt sie ihn.

Der Arme kauert in einer Ecke. Um seinen Oberkörper ist ein Strick gewickelt. Der Strick wurde um einen Felsbrocken geschlungen. Dodo rührt sich nicht. Er hat sein Köpfchen bis auf die Brust gesenkt. Ab und zu seufzt er unglücklich.

Direkt neben ihm sitzt Jay-Jay. Ihm haben die Tierdiebe den Strick wie eine Leine um den Hals gelegt. Er ist ebenfalls an einem Felsbrocken festgebunden. Im Gegensatz zu Dodo verfolgt Jay-Jay aber jede Bewegung der beiden Fieslinge.

„Hast du nun genug gegessen? Wir bleiben hier, bis sich das Unwetter verzogen hat." Spinnenbein legt sich so nahe ans Feuer, wie es geht und schließt die Augen.

Mistkäfer gähnt. „Du hast Recht, hier ist es gemütlicher als draußen. Auch er rollt sich neben dem Feuer zusammen und ist gleich darauf eingeschlafen. Nach ein paar Minuten fangen beide an zu schnarchen.

„Warten wir noch, bis wir ganz sicher sind, dass die auch wirklich schlafen", raunt Vincent.

Tammi hält es fast nicht mehr aus. Dodo so traurig und angebunden zu sehen, zerreißt ihr das Herz.

Der arme Dodo!

Ungeduldig scharrt sie mit dem Fuß. Es ist ein leises Geräusch. Aber Jay-Jay, der mit wachen Augen alles um sich herum beobachtet, hat es gehört.

Er dreht seinen Kopf in die Richtung der Kinder. Dann beugt er sich vor und versucht angestrengt, etwas zu erkennen. Er hat gute Augen und kann die Umrisse eines Kopfes ausmachen, der um die Ecke lugt. Er fiept leise.

Die beiden Diebe bewegen sich nicht. Friedlich schnarchen sie vor sich hin.

Vincent beugt sich weiter um die Ecke, winkt Jay-Jay zu und hält sich den Finger an die Lippen. Jay-Jay reißt die Augen auf und starrt zu ihm hin. Dann nickt er heftig. Er hat Vincent erkannt.

Hinter Vincent taucht Tammi auf und dann Lisa-Marie. Dodo hat die Freunde noch nicht bemerkt. Er schaut immer noch vor sich auf den Boden.

Tammi nimmt ein Steinchen in die Hand und lässt es über den Boden rollen. Endlich hebt Dodo den Kopf und schaut geradewegs in ihre Richtung.

Er ist so überrascht, die Freunde zu sehen, dass er spontan aufspringen will. Der Strick hält ihn aber am Boden. Er öffnet seine Schnauze, um vor Freude los zu kreischen.

Entsetzt schlagen sich die Kinder die Hände vor den Mund und schütteln wild mit den Köpfen.

Dodo kapiert sofort. Hastig hält er sich die Hände vor die Schnauze. Ganz kann er es aber nicht verhindern. Es entweicht ihm ein Geräusch, als würde man die Luft aus einem Ballon rauslassen.

Spinnenbein hört auf zu schnarchen und knurrt: „He du, pupsen gilt nicht." Dann dreht er sich auf die andere Seite und schnarcht weiter.

Die Kinder grinsen sich an. Noch einmal gut gegangen.

In einem weiten Bogen schleichen die Freunde um die zwei Schnarcher.

Leise, ganz leise nähern sie sich den Gefesselten. Vincent gibt den Mädchen Zeichen, dass er Dodo und Jay-Jay von ihren Stricken befreien will. Tammi und Lisa-Marie nicken zustimmend.

Dodo und Jay-Jay halten ganz still. Weil Spinnenbein Dodo den Strick mehrmals um die Brust gewickelt hat, beschließt Vincent, den Knoten erst einmal vom Felsen zu lösen. In der Aufregung zittern ihm die Hände. Es will einfach nicht klappen.

Lisa-Marie drängt Vincent zur Seite. Sie hat schmalere Finger. Vielleicht geht es bei ihr besser. Die Nerven der Freunde sind bis zum Zerreißen gespannt. Es funktioniert nicht.

Der Knoten sitzt zu fest.

Wir werden doch jetzt nicht an dem blöden Knoten scheitern, denkt Tammi wütend. Entschlossen bückt sie sich und schiebt Lisa-Marie weg.

Als sie glaubt, der Knoten hätte sich schon etwas gelockert, rieselt Sand von der Decke herunter. Die Kinder halten erschrocken inne.

Doch alles ist wieder ruhig. Die beiden am Feuer haben nichts bemerkt. Sie schlafen ruhig weiter.

Die Freunde atmen auf. „Los", drängt Vincent leise, „Tammi mach voran."

Der hat gut reden, denkt Tammi. Der verdammte Knoten sitzt so was von fest. Sie merkt aber, dass er langsam nachgibt.

Lisa-Marie löst Jay-Jay schon mal den Strick vom Hals. Alle schauen jetzt gespannt auf Tammi.

Tammi hat es gleich geschafft. Gleich ist Dodo frei.

Als die letzte Schlaufe nachgibt, kollert plötzlich ein richtiger Steinregen die Wände herunter.

Mit einem Schrei fährt Spinnenbein hoch. „Was ist los?" Wild schaut er sich um. Mit einem Blick erfasst er die Situation. „Ha, ihr Gören wollt wohl den Affen klauen! Das würde euch so passen!"

Mit einem Sprung wirft er sich auf Dodo und hält ihn fest. Wütend zerrt er an dem Strick, der immer noch um Dodo geschlungen ist. „Den Affen bekommt ihr nicht wieder!"

Mistkäfer ist ebenfalls unsanft aufgewacht. Benommen schaut er sich um. Er braucht etwas länger, um die Lage zu begreifen. Unwillig verzieht er sein Gesicht. „Kann man nicht mal seine Ruhe haben?"

Mit der Ruhe ist es vorbei. Dodo kreischt ohrenbetäubend. Jay-Jay flitzt um alle herum und fiept in den höchsten Tönen. Die Freunde stürzen sich auf die Diebe. Sie wollen ihnen Dodo entreißen. Doch die beiden Räuber entwischen ihnen immer wieder.

Jetzt prasseln immer mehr Steine von den Wänden. Eine dichte Staubwolke breitet sich aus. Dann erlischt das Feuer. Plötzlich ist es dunkel.

„Raus hier!", ruft Vincent.

Tammi tastet im Dunkeln nach Lisa-Marie. „Aber was ist mit Dodo und Jay-Jay?"

Da hört sie, wie Spinnenbein seinem Kumpel zuruft: „Ich habe den Affen. Schnapp du dir den Kleinen! Und dann nichts wie weg!"

„Habt ihr das gehört?", ruft Tammi. „Wir müssen ihnen nach!"

Hustend stolpert sie hinter Lisa-Marie und Vincent her.

Doch anstatt zum Ausgang laufen die Freunde irrtümlich in die entgegengesetzte Richtung.

„So ein Bockmist!", schimpft Vincent, als er es bemerkt. „Warum nur habe ich meine Taschenlampe in der anderen Höhle liegen lassen!"

„Es hilft alles nichts. Hier ist es stockdunkel. Wir müssen es erst mal wieder in die zweite Höhle schaffen! Ohne Taschenlampe dauert es viel zu lange, hier raus zu kommen." Lisa-Marie tastet an der Wand entlang. „Ich habe den Gang in die zweite Höhle gefunden!"

Der Gang liegt dunkel vor ihnen. Sie können jedoch an seinem Ende das schummrige Tageslicht erkennen, das durch das Loch in der Decke fällt. Vorsichtig, um nicht zu stolpern, bewegen sie sich darauf zu.

Endlich haben sie es geschafft! Vor Aufregung schlottern ihnen die Knie. Erschöpft sinken sie auf die dicken Steine. Vincent schnappt sich seine Taschenlampe, die er auf einem der Felsbrocken vergessen hatte. Hastig schaltet er sie an. Unzählige Staubteilchen tanzen in ihrem Lichtkegel.

Tammi hustet und spuckt, Lisa-Marie niest pausenlos und Vincent ringt nach Atem.

So plötzlich, wie der Steinregen begann, hörte er auch wieder auf. Das Ganze dauerte nur wenige Minuten.

„Wir müssen hier raus", krächzt Tammi. „Wir müssen nach Dodo und Jay-Jay suchen! Kommt, wir schauen nach, was in der ersten Höhle los ist."

Vincent leuchtet mit der Taschenlampe in die erste Höhle.

„Krass, wie sieht es denn hier aus?"

Im Lichtkegel von Vincents Taschenlampe sieht man überall herumliegende kleine und größere Steine. Immer noch rieselt vereinzelt Sand von der Decke.

„Dodo, Jay-Jay, wo seid ihr?", ruft Tammi.

Alles bleibt still.

„Kommt, wir suchen draußen weiter. Ich gehe mit der Taschenlampe vor," bestimmt Vincent.

Die Freunde laufen durch den Gang, der zum Ausgang führt. Obwohl noch immer Staub in der Luft flirrt, ist der schmale Pfad gut zu erkennen. Vincent hält den Lichtstrahl auf den Boden. Kleine Steine und Sand knirschen unter ihren Schuhen.

Plötzlich knallt Vincent gegen ein Hindernis. „Aua, mein Kopf, was ist denn jetzt wieder los?"

„He, was soll denn das?" Tammi kann nicht so schnell bremsen und rennt in Vincent hinein. Lisa-Marie hinterher.

Vincent leuchtet mit der Taschenlampe nach oben. Verblüfft schauen sich die Kinder um.

„Das glaube ich jetzt nicht." Vincent reibt sich seine Stirn.

„Sag, dass das nicht wahr ist." Tammi schüttelt ungläubig den Kopf.

„Ist es das, wonach es aussieht?" Lisa-Marie rutscht an der Wand entlang auf den Boden. „Ich glaube, mir wird schlecht."

Vor ihnen, wo bisher der Eingang in das Höhlensystem war, ragt im Schein der Taschenlampe eine Wand aus Steinen und Geröll auf. Nur am oberen Rand ist noch ein schmaler Spalt frei, durch den Licht hereinfällt.

„Bestimmt hatte der Felsvorsprung vor dem Eingang durch den starken Regen keinen Halt mehr. Da ist er heruntergefallen und versperrt jetzt den Ausgang. Das hat wohl auch die Erschütterung in der Höhle ausgelöst. Verdammt, wie kommen wir hier wieder raus?", schimpft Vincent.

„Gute Frage", seufzt Lisa-Marie.

Tammi setzt sich neben Lisa-Marie. „Und wo sind Dodo und Jay-Jay?"

KAPITEL 17

Spinnenbein und Mistkäfer

Als die Höhle anfing zu vibrieren und Steine von der Decke prasselten, schnappten sich die Diebe Dodo und Jay-Jay und liefen Richtung Ausgang. Im Laufen stopfte Mistkäfer Jay-Jay wieder in den braunen Stoffsack. Spinnenbein zerrte Dodo hinter sich her.

Gerade als sich der Felsvorsprung neigte, hechteten die beiden nach draußen und warfen sich mit Dodo und Jay-Jay in die Büsche.

Jetzt hockt Mistkäfer bleich und mit schlotternden Knien neben Spinnenbein. Selbst Spinnenbein ist vor Schreck noch bleicher als sonst.

Doch der Schreck dauert nicht lange. Spinnenbein springt auf und schaut zu Dodo, der völlig verängstigt neben ihm kauert.

„Na, da haben wir aber Glück gehabt!" Spinnenbein verzieht grinsend seine schmalen Lippen. „So ein feines Gewitter. Hat es uns doch die Arbeit abgenommen und die Gören in der Höhle festgesetzt. Jetzt können wir in aller Ruhe zu unserem Lager gehen. Dort planen wir, wie wir den Affen und das Erdhörnchen unbeobachtet nach Deutschland bringen."

„Ist prima für uns gelaufen", gibt ihm Mistkäfer Recht. Er ist ganz damit beschäftigt, Jay-Jay in seinem Sack ruhig zu halten. Der zappelt so herum, dass der Sack auf und ab hüpft.

Spinnenbein tätschelt Dodo den Kopf. „Na siehst du, Affe, wir zwei gehören zusammen. Sei schön brav, dann geht es dir gut. Auf, beweg dich, wir müssen weiter. Der Regen hat aufgehört." Er marschiert los und zieht Dodo hinter sich her.

„Können wir nicht noch ein klitzekleines Päuschen machen? Ich habe auf den Schreck hin einen Mordshunger bekommen", fragt Mistkäfer kleinlaut.

Spinnenbein verdreht die Augen, gibt ihm keine Antwort und geht einfach weiter. Seufzend trottet Mistkäfer hinterher.

Während Tammi, Lisa-Marie und Vincent sich Gedanken machen, wie sie aus der Höhle kommen, sind Spinnenbein und Mistkäfer mit Dodo und Jay-Jay auf dem Weg zu ihrem Zeltlager. Durch den heftigen Regen wurde der Lehmboden stark ausgespült. Die Diebe müssen immer wieder großen Wasserlöchern ausweichen. Dicke Lehmbrocken setzen sich unter ihren Schuhen fest und schmatzen bei jedem Schritt.

Dodo ist der Schlamm egal. Seit er gesehen hat, wie der Felsvorsprung vor den Eingang der Höhle gefallen ist, überlegt er fieberhaft, wie er Tammi und den Kids helfen kann.

Jay-Jay will unbedingt aus dem Sack heraus. Er fängt an, ein Loch in den Stoff zu nagen. Einen winzigen Anfang hat er schon geschafft. Weil Mistkäfer den Sack ständig hin und her schwingt, ist das nicht einfach. Jay-Jay wird um und um gewirbelt. Ihm ist speiübel. Wenn ich hier nicht gleich raus komme, denkt er, muss ich mich übergeben.

Noch einmal packt er den Stoff mit seinen spitzen Zähnen und zerrt mit aller Kraft daran. Der Stoff reißt. Jay-Jay fällt aus dem Sack. Unsanft landet er auf dem Rücken. Er überschlägt sich, springt blitzschnell auf und wirft sich in das Gebüsch neben dem Trampelpfad.

Mistkäfer muss bei jedem Schritt seine Schuhe aus dem zähen Schlamm ziehen. Manchmal strauchelt er und droht zu fallen. Dabei jammert er ununterbrochen vor sich hin. „Wie weit ist es denn noch? Sind wir nicht bald da? Ich kann nicht mehr. Schau dir mal meine Schuhe und meine Hose an. Was machen wir hier eigentlich?"

Er ist so mit sich selbst beschäftigt, dass ihm gar nicht auffällt, dass er nur noch einen leeren Sack trägt.

Dodo jedoch sieht, wie Jay-Jay aus dem Sack fällt und davon läuft. Er seufzt erleichtert und denkt, Jay-Jay wird suchen nach Tammi und Hilfe holen. Jetzt ich bin nicht mehr ganz so traurig.

Mittlerweile strahlt wieder die Sonne, als wäre nichts gewesen. Die Wolken haben sich verzogen. Dunst steigt auf. Bald wird alles genau so trocken sein, wie vorher.

„Puh", stöhnt Mistkäfer, „ist mir heiß! Mein Hemd klebt mir am Rücken. Wir laufen schon seit einer Ewigkeit. Können wir nicht endlich mal eine Pause machen?" Missmutig stapft er hinter Spinnenbein her.

„Na gut", gibt Spinnenbein nach. „Es ist jetzt nicht mehr weit. Wir sind gut vorangekommen. Es hat uns auch keiner gesehen."

Er zeigt auf einen dicken Stein abseits des matschigen Pfades. „Der sieht trocken aus, dort setzten wir uns hin."

Schnaufend lässt sich Mistkäfer auf den Felsen plumpsen.

Spinnenbein setzt sich neben ihn und zieht Dodo zwischen seine Beine. „Da habe ich dich im Auge."

Er kramt in seiner Hosentasche nach einem Taschentuch. Damit wischt er sich den Schweiß von der Stirn. Die Luftfeuchtigkeit ist mittlerweile so hoch, dass selbst Spinnenbein ins Schwitzen kommt.

Als er sein Taschentuch zurückstecken will, fällt sein Blick auf Mistkäfers Stoffsack. Mitten in der Bewegung stoppt er und springt auf. „Du blöder Kerl!", schreit er wütend und wirft die Arme in die Luft. „Kannst du nicht einmal was richtig machen?"

Mistkäfer, der dabei ist, in seinem Rucksack nach Keksen zu suchen, schaut Spinnenbein verdattert an. „Eh, was ist jetzt wieder los?"

Wütend deutet Spinnenbein auf den Stoffsack. Schlaff und leer liegt er neben Mistkäfer auf dem Boden. „Schau dir den Sack an! Du merkst noch nicht einmal, wenn dir das Erdhörnchen abhaut. Wie kann man nur so dämlich sein!"

Mistkäfer schaut verblüfft auf den Sack. Dann hebt er ihn hoch. Na so was, denkt er, der ist ja ganz leicht, da ist nichts mehr drin. Ungläubig betrachtet er das Loch, das Jay-Jay in den Stoff gerissen hat. „Hä, ich weiß gar nicht, wie das passieren konnte."

„Ich kann dir sagen, wie dass passiert ist. Du denkst die ganze Zeit nur ans Essen. Das ist das Einzige, was dich interessiert!" Spinnenbein ist stinksauer.

„Los, wir müssen weiter. Gut nur, dass ich auf den Affen aufgepasst habe. Der bringt jedenfalls mehr Geld, als das Erdhörnchen." Böse vor sich hin brummelnd macht er sich wieder auf den Weg und zieht Dodo mit sich.

KAPITEL 18

Jay-Jay

Solange ihn Spinnenbein und Mistkäfer hören können, huscht Jay-Jay lautlos durch das Gebüsch. Als er weit genug weg ist, stürmt er auf dem schnellsten Weg zurück zu der Felsengruppe. Hoffentlich ist Tammi, Lisa-Marie und Vincent nichts passiert, Ich muss ihnen unbedingt helfen, überlegt er.

In kurzer Zeit hat Jay-Jay den Eingang der Höhle erreicht. Wie sieht es denn hier aus, denkt er. Vor dem Eingang türmen sich Geröll und Steine. Der Felsvorsprung ist beim Herabfallen in viele Teile zersprungen. Suchend läuft Jay-Jay herum. Es muss doch eine Möglichkeit geben, in die Höhle zu kommen.

Er klettert den Geröllhaufen hoch. Immer wieder rutscht er ab, weil Steine unter ihm nachgeben und auf die Erde kollern. Aber er gibt nicht auf.

Endlich ist er oben. Jay-Jay schaut sich schwer atmend um. Zwischen Geröll und Eingang klafft ein Spalt.

Jay-Jay überlegt nicht lange. Er macht sich ganz lang und quetscht sich durch die Ritze. Geschafft! Auf der anderen Seite klettert er vorsichtig herunter. Immer wieder geraten

Steine unter ihm in Bewegung und kullern zur Erde. Mit einem Satz springt er auf den Boden.

Hier ist es aber mächtig dunkel, stellt er fest.

Tammi, Lisa-Marie und Vincent sitzen in der hinteren Höhle und grübeln, wie sie hier raus kommen. Obwohl sie sich den Kopf zerbrechen, will ihnen nichts einfallen.

Lisa-Marie wickelt einen neuen Kaugummi aus und steckt ihn sich zur Beruhigung in den Mund. Vincent kramt in seinem Rucksack, ob er nicht doch Ersatzbatterien eingesteckt hat.

Tammi trinkt gerade einen großen Schluck aus ihrer Wasserflasche, als sie das Kollern von Steinen hört. „Seid mal still, ich glaube, ich habe was gehört!" Sie schnappt sich die Taschenlampe. „Ich schaue mal nach."

Im Schein der Taschenlampe folgt Tammi langsam dem Pfad. Da, jetzt hört sie es wieder. Irgendetwas schabt über die Steine, die den Eingang blockieren.

Der Lichtkegel der Taschenlampe huscht über den Boden und erfasst Jay-Jay.

„Das glaub ich jetzt nicht! Jay-Jay, wo kommst du denn her?" Stürmisch hebt ihn Tammi hoch und drückt ihn ganz fest an sich. „Sag, wo ist Dodo?"

Jay-Jay erzählt ihr, wie es ihnen mit Spinnenbein und Mistkäfer ergangen ist.

„Leute kommt her. Jay-Jay ist da!", ruft Tammi und leuchtet für die Freunde in den Gang.

Lisa-Marie und Vincent tasten sich so schnell es geht vorwärts und landen stolpernd vor der grinsenden Tammi.

Vincent starrt Jay-Jay an. „Krass, wie bist du denn hier rein gekommen?"

„Alter, bin ich froh, dich zu sehen." Begeistert nimmt Lisa-Marie Jay-Jay auf den Arm und küsst ihn direkt zwischen die Augen.

Jay-Jay wird das zu viel. Er rettet sich schnell auf den Boden.

Als sich alle wieder beruhigt haben, meint Vincent: „Jay-Jay könnte doch zur Farm laufen und Hilfe holen. Was meint ihr?"

Lisa-Marie kaut nachdenklich auf ihrem Kaugummi herum. „Klingt gut. Jay-Jay muss aber aufpassen, dass ihn die Wilderer nicht entdecken."

„Wir haben keine andere Wahl. Sonst sitzen wir hier ewig fest", stimmt Tammi zu. Sie beugt sich zu Jay-Jay und übersetzt.

Jay-Jay nickt. „Klar, mache ich. Bin schon weg."

Geschickt klettert er wieder den Geröllhaufen hoch, schlängelt sich durch den Spalt und ist verschwunden. Die Kinder hören nur noch das Poltern von Steinen.

Lisa-Marie lässt endlich mal wieder eine kleine Kaugummiblase platzen. „Leute, jetzt müssen wir warten!"

KAPITEL 19

Mara und Matteo

Wie aber ist es Mara und Matteo ergangen, als sich die Freunde trennten, um in verschiedenen Richtungen nach Dodo und Jay-Jay zu suchen?

Mara schaut Tammi, Lisa-Marie und Vincent hinterher. Sie denkt, ob das gut geht? Die drei kennen sich hier doch gar nicht aus. Hoffentlich haben sie sich den Weg gemerkt, den ich ihnen beschrieben habe.

Doch dann zuckt Mara mit den Schultern. Eigentlich können die drei den Hauptweg gar nicht verfehlen.

Sie setzt sich auf einen Baumstamm. „Matteo, überlege mal. Was könnte Dodo und Jay-Jay Spaß machen?"

Matteo nimmt gerade einen langen Zug aus seiner Wasserflasche. Dann dreht er den Verschluss fest und verstaut sie wieder in seinem Rucksack. „Wenn ich ein Affe wäre, hätte ich Bock durchs Gelände zu stromern."

„Das ist es!", ruft Mara. „Komm, das machen wir auch und sehen uns dort mal um!"

Gemeinsam mit Matteo bahnt sie sich einen Weg durch Gestrüpp, klettert auf Hügel und sucht die staubige, nur mit harten Grasbüscheln bewachsene Savanne ab. Dabei rufen die beiden immer wieder nach Dodo und Jay-Jay. Doch ohne Erfolg.

„Impossibile, unmöglich, ich glaube, es hat keinen Zweck, hier sind sie nicht." Matteo bleibt stehen, nimmt seine Brille ab und säubert die mit Schweiß und Staub verklebten Gläser."

Mara schaut nach oben. „Wie komisch der Himmel aussieht. Ich kenne das. Hier braut sich ein schlimmes Gewitter zusammen. Wir müssen nach Hause. Wenn wir uns beeilen, schaffen wir es noch, bevor das Unwetter loslegt."

„Aber was passiert mit den anderen?", gibt Matteo zu bedenken.

„Die sind sicher schon auf der Farm. Vielleicht haben sie sogar Dodo und Jay-Jay gefunden." Mara zeigt auf einen schmalen Trampelpfad. „Komm hier lang."

„Avanti, vorwärts", stimmt Matteo zu.

Der Himmel sieht jetzt richtig bedrohlich aus. Es wird immer dunkler. Die ersten Tropfen klatschen um sie herum in den trockenen Sand.

„Wir müssen uns irgendwo unterstellen", ruft Mara, „aber nicht unter einen Baum. Das ist zu gefährlich. Dort kann ein Blitz einschlagen!"

Mittlerweile wurden aus den dicken Tropfen Hagelkörner.

Heftig prasseln sie auf die Kinder nieder. Immer wieder zucken grelle Blitze über den grauschwarzen Himmel, gefolgt von harten, lauten Donnerschlägen.

Mit eingezogenem Kopf laufen die beiden weiter. Plötzlich bleibt Mara stehen. „Sieh mal, da vorne steht ein kleiner Schuppen."

„Ein Schuppen sieht für mich anders aus", stellt Matteo fest.

Die Kinder laufen darauf zu. Eigentlich ist es nur noch ein Strohdach mit vier Pfosten. Die morschen Seitenwände sind, bis auf eine, alle zusammengefallen. Das Dach hat Löcher. Der Sandboden darunter ist aufgeweicht und schlammig.

Mara und Matteo stellen sich an einer halbwegs trockenen Stelle unter und schütteln sich wie zwei nasse Katzen.

Matteo nimmt die Brille ab und kramt in seiner Hosentasche nach einem Papiertaschentuch. Damit versucht er, seine Brillengläser zu trocknen. „Maledetto, schrecklich, so ein Unwetter habe ich in Deutschland noch nicht erlebt."

Mara lacht: „Das ist doch gar nichts. Oft dauern solche Gewitter viel länger. Du glaubst, es hört nicht mehr auf."

Nach einer Weile geht der Regen in ein leises Rauschen über. Blitze und Donnerschläge werden weniger. Dann ist nur noch leises Donnergrollen zu hören, das sich immer weiter entfernt.

„Es ist vorbei." Mara betrachtet den Himmel. „Wir können weiter. Ich weiß jetzt wieder, wo wir sind. Es ist nicht mehr weit."

Die Kinder nehmen ihre Rucksäcke auf und gehen los.

Mara und Matteo laufen auf dem völlig verschlammten Fahrweg nach Hause. Immer wieder rutschen sie aus oder müssen tiefen Wasserpfützen ausweichen.

„Halt", ruft Mara plötzlich, hebt die Hand und bleibt stehen.

Matteo stoppt. „Che c'è, äh was ist los?"

„Da kommt ein Auto", behauptet Mara.

Matteo hat nichts gehört und schaut zweifelnd den Weg entlang. Doch tatsächlich taucht vor ihnen ein Geländewagen auf.

„Das ist Samir!", ruft Mara. Sie springt auf und nieder und rudert mit den Armen.

Samir hat sie gesehen. Er lässt mehrmals die Scheinwerfer aufblinken und hält auf sie zu. Dann bremst er so scharf, das nach allen Seiten Schlamm aufspritzt.

„He, Samir, geht's noch?", schimpft Mara. Du hast uns ganz versaut!" Dabei ist sie erleichtert, Samir zu sehen.

Samir springt aus dem Auto. „Mensch bin ich froh, euch zu treffen. Das war ein böses Unwetter. Wo sind die anderen?" Suchend schaut er sich um.

„Die sind sicher schon zu Hause. Wieso hast du sie nicht getroffen?", will Mara wissen.

„Ich komme nicht von der Straußenfarm. Ich musste zuerst ins Reservat, da sind mehrere Gnus ausgebüxt. Und das bei dem Wetter. Ich habe geholfen, sie wieder einzufangen, bevor sie von Löwen oder Geparden verspeist werden. Irgendwie ist heute der Teufel los."

Samir betrachtet Mara und Matteo genauer. „Wie seht ihr denn aus? Euch hat das Gewitter anscheinend voll erwischt. Los, ab in den Wagen!"

KAPITEL 20

Zurück zur Farm

Samir packt Mara und schiebt sie zum Auto. Er öffnet die hintere Tür, damit sie einsteigen kann. Matteo schwingt sich auf den Beifahrersitz.

Samir fährt sachte an. „Ich muss vorsichtig sein, die Wege sind so aufgeweicht, da können die Räder steckenbleiben."

Sie kommen nur langsam vorwärts. Immer wieder muss Samir großen Wasserpfützen ausweichen. Plötzlich macht er eine Vollbremsung. Vor sich auf dem Weg läuft ein kleines pelziges Tier.

„Dio mio, schaut, das ist ja Jay-Jay", ruft Matteo, reißt die Wagentür auf und springt in den Matsch.

Jay-Jay erkennt Matteo und läuft ihm entgegen. Der bückt sich und nimmt ihn auf den Arm.

Jay-Jay ist total erschöpft. Schwer atmend und mit verschlammtem Fell lässt er sich zum Auto tragen. Matteo setzt sich mit ihm auf den Vordersitz und betrachtet das zerzauste Erdhörnchen. Jay-Jay fiept aufgeregt.

„Menno, anscheinend versucht Jay-Jay mir etwas zu sagen. Ich verstehe ihn doch nicht. Das kann nur Tammi.

Aber so wie er aussieht, muss etwas passiert sein. Samir, fahr so schnell du kannst zur Farm!"

„Ich kann nicht schneller fahren. Ich muss aufpassen, dass wir nicht in einem Wasserloch stecken bleiben." Samir startet den Geländewagen wieder und konzentriert sich ganz aufs Fahren.

Mara rutscht unruhig auf dem Rücksitz hin und her. Sie hat ein schlechtes Gewissen. Wenn sie besser aufgepasst und nicht so viel gequatscht hätte, wäre das alles nicht passiert.

Sie denkt, hoffentlich sind die anderen schon zu Hause. Warum nur habe ich mich verlaufen? Das ist mir noch nie passiert. Ich weiß doch, dass man auf den Weg achten muss. Das hat mir Papa immer und immer wieder eingeschärft!

Jetzt können sie schon die Einfahrt zur Farm sehen. Samir umrundet ein letztes Wasserloch und fährt direkt vor das Haupthaus. Er schaltete den Motor aus und hupt zweimal. Doch alles bleibt ruhig.

„Komisch", meint Mara, „wieso kommt niemand zur Tür? Wo sind sie denn alle?"

Sie steigen aus und Matteo läuft mit Jay-Jay auf dem Arm zum Eingang. Dort hängt ein großer Zettel.

Hallo ihr Lieben,

ihr hattet sicher einen tollen Nach-
mittag.

Der Chef vom Wildreservat rief an.
Sie brauchen dort unbedingt Hilfe.
Anscheinend sind einige Tiere erkrankt.
Wir begleiten Herrn Gorius und Maras
Papa und nehmen Robin mit.

Wie es aussieht, bleiben wir über
Nacht und kommen morgen zurück.

Wir konnten euch nicht über Samirs
Handy erreichen, das Netz ist anschei-
nend gestört.

Macht euch einen schönen Tag.
Wanda ist da und passt auf euch auf.
Sie wird dafür sorgen, dass ihr nicht
verhungert.

Bis morgen
Mama und Papa

Vincent? Warum sind sie noch nicht zurück? Ich hätte sie nie alleine lassen dürfen! Und wieso ist Jay-Jay ohne Dodo unterwegs? Die beiden sind doch immer unzertrennlich!" Mara ist ganz verzweifelt.

Jay-Jay springt von Matteos Arm. Erst läuft er hektisch fiepend hin und her. Dann rennt er den Weg zurück zum Geländewagen.

Als niemand reagiert, wiederholt er das Ganze so lange, bis Mara auf ihn aufmerksam wird. „Sagt mal, ob Jay-Jay weiß, wo alle sind? Ach, könnte ich ihn doch verstehen!"

KAPITEL 21

Der magische Stein

„Un momento, Moment mal, Tammi kann mit Dodo und Jay-Jay mittlerweile auch ohne den magischen Stein sprechen. Sie braucht ihn nicht mehr. Trotzdem hat sie ihn mit nach Namibia genommen. Sie bewahrt ihn in ihrem Zimmer auf. Sie meinte, man könne nie wissen, ob der Stein noch einmal gebraucht wird."

„Mensch Matteo, das ist es. Komm, wir holen den Stein. Mal sehen, was dann passiert. Vielleicht kannst du Jay-Jay ja auch verstehen!" Mara ist ganz hibbelig. „Ich gehe ihn suchen."

„Nee, warte, ich gehe selbst. Ich weiß, wo sie das Kästchen mit dem Stein versteckt hat." Matteo läuft zum Ferienhaus der Lohmeiers.

Mara zuckt mit den Schultern. Sie kann nicht verstehen, warum sie nicht in Tammis Zimmer gehen soll. Aber jetzt ist keine Zeit für lange Diskussionen.

Matteo will das Kästchen selbst holen. Um es zu öffnen, benötigt man einen Spezialschlüssel. Tammi hatte den Freunden direkt nach ihrer Ankunft auf der Straußenfarm gezeigt, wo sie das Kästchen aufbewahrt und wo der Schlüssel versteckt ist.

Dabei schärfte sie ihnen ein: „Behaltet das Versteck aber für euch. Öffnet das Kästchen nur, wenn es unbedingt notwendig ist. Ich will nicht, dass jemand den Stein klaut und Unsinn damit macht."

Matteo kennt Mara noch nicht so gut. Er weiß nicht, ob Tammi damit einverstanden wäre, Mara das Versteck zu verraten.

Im Ferienhaus der Lohmeiers rennt er die Treppe hoch und reißt die Tür von Tammis und Lisa-Maries Zimmer auf. Trotz der Eile muss er grinsen. Er weiß sofort, auf welcher Seite Lisa-Marie schläft.

Auf deren Bett liegen Jeans und Shirts, Süßigkeiten, Unterwäsche und Comic-Hefte wahllos durcheinander.

Tammis Bett ist gemacht. Nur ein Buch liegt aufgeschlagen auf der Decke. Matteo öffnet hastig die Schublade ihres Nachttisches. Da, unter ihren Socken entdeckt er das schwarze Holzkästchen mit der schillernden grünen Schlange darauf.

Dann hebt er das Fußteil von Tammis Matratze hoch und tastet zwischen Matratze und Spannbetttuch nach dem Schlüssel. Als er ihn gefunden hat, schnappt er sich das

Kästchen, schlägt die Zimmertür zu und hastet die Treppe herunter nach draußen zu Mara.

„Hast du den Stein?" Mara zappelt herum.

Matteo zeigt ihr das Kästchen und nimmt den Schlüssel aus seiner Hosentasche. Er steckt ihn ins Schloss und dreht ihn um. Langsam klappt er den Deckel hoch.

Ehrfürchtig betrachten die beiden den magischen Stein. Er hängt an einem dünnen Lederband, ist unregelmäßig geschliffen und hat die Größe einer Kastanie. Der Stein strahlt intensiv blau. Plötzlich wechselt er die Farbe und leuchtet orangerot.

Mara ist beeindruckt. „Cool, einen magischen Stein habe ich noch nie gesehen. Ob du es damit schaffst, Jay-Jay zu verstehen?"

„Allora, bei Tammi und Herrn Gorius hat es funktioniert. Hoffentlich klappt es auch mit Jay-Jay und mir." Matteo nimmt den Stein vorsichtig aus dem Kästchen und hängt ihn sich um den Hals. Sein Herz hämmert vor Aufregung gegen seine Rippen. „Komm, wir suchen Jay-Jay."

Jay-Jay ist mittlerweile ganz verzweifelt. Wieso merken Matteo und Mara nicht, was ich ihnen sagen will? Er versucht es noch einmal. Laut fiepend stellt er sich vor Matteo auf die Hinterbeine. Dann rennt er zum Geländewagen.

Doch mitten im Lauf bremst er. Hat Matteo gerade gefragt, ob er weiß, wo Tammi ist? Ungläubig dreht sich Jay-Jay um.

Mara rammt Matteo den Ellenbogen in die Seite. „Los, versuch es noch einmal! Ich glaube, Jay-Jay versteht was."

„Jay-Jay, wenn du mich verstehst, kannst du uns sagen, wo die anderen sind?" Matteo spricht langsam und deutlich. Er betrachtet den magischen Stein. Der wechselt von orangerot zu grün und wieder zu orangerot.

Jay-Jay sprintet zu Matteo zurück. „Tammi, Lisa-Marie und Vincent brauchen Hilfe!", ruft er so laut er kann.

Und tatsächlich reagiert der magische Stein. Matteo kann Jay-Jay verstehen.

Jay-Jay erzählt ihm ganz aufgeregt, dass er den beiden Wilddieben weglaufen konnte, aber Dodo zurücklassen musste. Dass Tammi, Lisa-Marie und Vincent in einer Höhle der geisterhaften Felsengruppe festsitzen.

Matteo übersetzt für Mara.

KAPITEL 22

Super Idee

Mara überlegt kurz, dann klatscht sie in die Hände. „Ich habe eine Idee. Wir fahren mit Samir zur Elefantenkita. Gipsy kann uns bestimmt helfen."

„Wie soll Gipsy uns helfen?" Matteo ist skeptisch.

„Du wirst schon sehen. Ich laufe schnell zum Haupthaus und gebe Wanda Bescheid."

In der Zwischenzeit hat Samir nach den Straußen geschaut. Als er zurückkommt, informiert ihn Matteo, über das, was Jay-Jay erzählt hat und über Maras Idee.

Samir grinst. „Wahnsinn, dass du jetzt auch mit Jay-Jay sprechen kannst. Maras Vorschlag klingt verrückt, könnte aber klappen. Mara hat öfter so komische Ideen. Meistens funktionieren sie."

Mara stürmt aus dem Haus. „Alles okay, Wanda weiß Bescheid. Hast du Samir meinen Plan erklärt?"

„Ja, wir können fahren." Matteo setzt sich Jay-Jay auf die Schulter und läuft zum Wagen.

Samir kann jetzt wieder schneller fahren. Das Wasser versickert rasch im Boden. Nur noch wenige graue Wolken ziehen über einen blass blauen Himmel und verdecken manchmal die Sonne. Die hat schon wieder so viel Kraft, dass die Nässe schnell verdunstet. Überall steigen zarte Nebel wie Wattewölkchen auf.

Nach einer Weile schnalzt Jay-Jay hektisch und zeigt auf die Felsengruppe in der Ferne. Orangefarben leuchtet sie aus dichten Dunstschleiern. „Dort, dort in den Felsen ist die Höhle, in der Tammi festsitzt", erklärt er Matteo.

„Stopp!", ruft Matteo. Dann übersetzt er für Mara und Samir.

„Ich würde am liebsten gleich dorthin fahren."

Mara schüttelt energisch den Kopf. „Es bringt nichts, direkt dorthin zu fahren. Wir brauchen Unterstützung."

„Du hast Recht, alleine schaffen wir das nicht", bestätigt Samir. „Wir fahren zur Elefantenkita."

Kaum hat Samir dort angehalten, springt Mara schon aus dem Auto und läuft zu Gipsy. Jay-Jay hinterher.

„Warte", ruft Matteo ihr nach, „ich komme mit. Ich habe noch den magischen Stein dabei. Könnte doch sein, dass er uns hilft, Tammi, Lisa-Marie und Vincent zu retten! Gipsy ist doch deine Freundin. Vielleicht macht der Stein, dass du mit ihr sprechen kannst!"

„Okay", ruft Mara über die Schulter zurück, „einen Versuch ist es wert. Aber sei nicht so lahm! Wir müssen deine Freunde rausholen, bevor es dunkel wird."

Gipsy hat es sich im Stroh gemütlich gemacht. Überrascht hebt sie den Kopf. Als sie Mara sieht, trompetet sie laut.

Matteo hängt Mara den magischen Stein um. Der leuchtet jetzt in einem strahlenden Grün.

„Mara hockt sich neben Gipsy und grault sie hinter dem rechten Ohr. „Hi Gipsy, du musst jetzt nicht erschrecken. Kannst du mich verstehen?"

Gipsy hat gerade vor Wonne die Augen geschlossen. Sie liebt es, hinter den Ohren gekrault zu werden.

Jetzt reißt sie die Augen wieder auf, grollt leise und ist blitzschnell auf den Beinen. Sie stellt sich vor Mara, die immer noch am Boden hockt und schaukelt ungläubig mit dem Rüssel hin und her.

„Avanti, versuch es noch einmal!", drängt Matteo. „Ich glaube, sie versteht was."

„Gipsy, siehst du diesen Stein? Der Stein macht, dass du mich verstehen kannst", versucht es Mara noch einmal.

Gipsy schlägt heftig mit dem Kopf. Dabei gibt sie ganz tiefe Laute von sich, die kaum zu hören sind. Der magische Stein leuchtet jetzt abwechselnd in den verschiedensten Farben.

„Schade, das wird wohl nichts. Was machen wir jetzt?" Matteo seufzt enttäuscht.

„Sei doch mal still!", herrscht Mara Matteo an. „Elefanten verständigen sich mit diesen Tönen über viele Kilometer. Die Töne sind so tief, dass Menschen sie nur ganz leise oder auch gar nicht hören können." Mara wendet sich wieder an das Elefantenmädchen. „Gipsy, du musst uns helfen!"

Gipsy schaukelt weiter mit ihrem Rüssel hin und her. Dabei wiederholt sie die tiefen Laute. Mara steht der Schweiß auf der Stirn, so konzentriert sie sich. Bitte, bitte magischer Stein, denkt sie, lass mich Gipsy verstehen. Es ist mega wichtig!

Dann hört sie es.

„Wie soll ich helfen?"

„Juchhu, es klappt!" Mara springt auf und umarmt Gipsy.

„Ich kann sie verstehen!", jubelt sie.

„Gipsy, du musst uns helfen, die Freunde von Matteo aus einer Höhle zu befreien", bittet Mara. „Der Höhlenausgang ist mit Steinen versperrt."

Gipsy überlegt nicht lange. Sie nickt, dreht sich um und marschiert los. Dabei schaut sie zurück und fragt: „Wo müssen wir hin?"

„Zur Felsengruppe, wo sich immer die Medizinfrauen und Medizinmänner treffen!", ruft Mara.

„Die kenne ich. Frag nach, ob wir noch Yambo mitnehmen können. Er ist älter als ich und sehr stark. Er ist mein Freund."

„Klasse Idee!" Mara übersetzt für Matteo.

„Wer ist Yambo?", fragt Matteo.

„Yambo ist ein junger Elefantenbulle. Ich kenne ihn schon, seit er als Baby in die Kita gebracht wurde", erklärt ihm Samir, der gerade aus der Verwaltung kommt. „Yambo ist für sein Alter sehr vernünftig. Gipsy und Yambo verstehen sich super gut."

Samir hat in der Zwischenzeit den Tierpflegern in der Verwaltung die Situation erklärt. Alle in der Kita wissen, dass Mara und Gipsy enge Freunde sind. Da sich auch Samir gut mit Elefanten auskennt, bekam er problemlos die Erlaubnis, Gipsy mitzunehmen. Samir ist sicher, dass er auch Yambo mitnehmen darf.

Jetzt muss Gipsy nur noch Yambo fragen, ob er Lust auf ein Abenteuer hat.

Jay-Jay hat alles aufmerksam von seinem Sitz auf Matteos Schulter verfolgt. Zufrieden springt er nun auf den Boden und läuft hinter Gipsy her.

KAPITEL 23

Gipsy und Yambo

Yambo freut sich riesig, als Gipsy ihm erklärt, was sie vorhaben. Er trompetet unternehmungslustig und wedelt heftig mit den Ohren. Yambo ist viel größer als Gipsy und sieht fast schon wie ein ausgewachsener Elefant aus.

Samir verspricht den Tierpflegern, die beiden Elefanten rechtzeitig zur Abendfütterung wieder zurückzubringen. Dann machen sie sich auf zur Felsengruppe.

Von dem heftigen Regen ist kaum mehr was übrig. Nur unterm Gebüsch am Straßenrand gibt es noch kleine Wasserpfützen. In denen baden die unterschiedlichsten Vögel. Die Luft ist von ihrem lautem Gezwitscher erfüllt. Es duftet unglaublich gut nach Blüten, Kräutern und nasser Erde.

Kleine und große Insekten schwirren überall herum. Sie wollen auch noch den letzten Rest der Feuchtigkeit von Gräsern und Blättern saugen.

In der Ferne tollen übermütige Zebras.

Samir führt die Gruppe quer durch die Savanne, abseits der Straße. Er kennt eine Abkürzung.

Er geht mit Yambo voraus, dicht gefolgt von Gispy. Jay-Jay hat es sich auf ihrem Rücken gemütlich gemacht. Mara weicht nicht von Gipsys Seite. Als Letzter folgt Matteo. Er schwitzt stark. Immer wieder wedelt er sich mit seinem Basecap Luft zu.

Mara kommt der Weg viel zu kurz vor. Sie hat ja noch den magischen Stein. Das nutzt sie aus. Ununterbrochen redet sie auf Gipsy ein. Die antwortet mit tiefen grollenden Tönen.

Matteo grinst. Total krass, denkt er, wenn ich das meiner Mama erzähle.

Als sie bei der Felsengruppe ankommen, springt Jay-Jay von Gipsys Rücken und läuft zum verschütteten Höhleneingang. Matteo, Mara und Samir folgen mit den Elefanten.

„Che disgrazia, was für ein Unglück", ruft Matteo, als er die Bescherung sieht. „Hallo, kann mich jemand hören? Tammi, Lisa-Marie, Vincent, seid ihr da?"

Jay-Jay klettert über die Steine hoch und verschwindet laut schnalzend in dem offenen Spalt.

Matteo läuft hektisch hin und her.

„Jay-Jay wird deinen Freunden Bescheid geben, dass wir da sind", beruhigt ihn Mara.

Dann wendet sie sich an Gipsy: „So, jetzt zeigt mal, was ihr könnt. Ihr müsst versuchen, den Steinhaufen vom Eingang wegzuschaffen."

Gipsy dreht sich zu Yambo um. Der hat die Situation schon erfasst. Er trompetet mit hoch erhobenem Rüssel und legt los. Kleinere Steine fegt er mit Schwung aus dem Weg, große Brocken packt er geschickt mit seinem Rüssel und wirft sie zur Seite.

Gipsy schaut ihm erst einmal zu. Dann macht sie es ihm nach. Felsbrocken und Steine fliegen nach allen Seiten. Mara, Matteo und Samir müssen ausweichen, um nicht getroffen zu werden.

„Läuft doch. Bald sind deine Freunde frei", freut sich Mara.

KAPITEL 24

Warten auf Hilfe

Währenddessen versuchen sich Tammi, Lisa-Marie und Vincent in der hinteren Höhle mit Geschichten erzählen die Zeit zu vertreiben.

Durch das Loch hoch oben im Felsen sickert nur noch spärlich Licht herein. Deshalb haben sie wieder die Taschenlampe angemacht. Von der schwül feuchten Luft draußen ist in der Höhle nichts zu spüren. Die Mädchen frieren.

Vincent sucht zum wiederholten Male in seinem Rucksack nach Ersatzbatterien. „Ich habe tatsächlich keine eingepackt", murmelt er vor sich hin. Besorgt schaut er auf den matter werdenden Lichtkegel.

„Mach sie doch aus", schlägt Lisa-Marie vor. „Das bisschen Licht von oben muss reichen."

Vincent seufzt und schaltet die Taschenlampe aus. Sofort verändert sich die Höhle. Alles sieht plötzlich unheimlich aus.

„Da, da in der Ecke, sitzt da nicht eine Ratte?", flüstert Tammi.

„Quatsch", meint Vincent, das ist sicher bloß so ein Vogelgerippe, wie sie hier überall herumliegen."

„Ob Ratten wohl Menschen anknabbern?" fragt Lisa-Marie. Dabei lässt sie eine besonders große Kaugummiblase knallen.

. Das schallt in der Höhle so laut, dass die beiden anderen heftig zusammenzucken.

Und nicht nur sie. Plötzlich rauscht es um die Freunde herum. Ein helles Pfeifen ist in der Luft. Harte Flügel treffen sie an den Köpfen. Erschrocken ducken sie sich und schützen ihren Kopf mit den Armen.

Das Pfeifen wird leiser. Dann ist der Spuk vorbei.

„Mensch Lisa-Marie, du mit deinem blöden Kaugummi! Du hast alle Fledermäuse aufgescheucht!" Vincent ärgert sich, dass er so einen Schrecken bekommen hat.

„Krass!" Tammi merkt, dass sie trotz der klammen Luft in der Höhle plötzlich schwitzt.

Lisa-Marie denkt, gut, dass mich die anderen nicht richtig sehen können. Ich glaube, mir stehen vor Schreck die Haare zu Berge. Laut sagt sie: „Stellt euch nicht so an. Waren doch bloß wieder Fledermäuse."

„Seid mal still, ich höre was", wispert Tammi.

Alle lauschen angestrengt. Da, ein lautes Poltern dringt von der ersten Höhle zu ihnen herüber.

„Hilfe!", schreit Lisa-Marie, als etwas Pelziges über ihre Beine huscht.

Tammi glaubt, ihr Herz bleibt stehen. Etwas krallt sich in ihre Hosenbeine, springt auf ihren Schoß und fängt laut an zu schnalzen.

Sie lacht erleichtert. „Es ist Jay-Jay! Menno Jay-Jay, bin ich froh, dich zu sehen. Hast du Hilfe geholt?"

Die Freunde reden jetzt alle durcheinander. Doch bevor Jay-Jay dazu kommt, Tammi zu erzählen, wie es ihm ergangen ist, rumpelt es aus der ersten Höhle gewaltig.

Die Kinder springen auf. Vincent sucht wie immer nach seiner Taschenlampe. „Wo ist das blöde Ding?", schimpft er. In der Aufregung kann er sie nicht schnell genug finden. Endlich hat er sie in der Hand. „Kommt mit!", fordert er die Mädchen auf und stolpert so schnell er kann zum Eingang.

Dort tut sich was. Mehr und mehr Geröll und Steine kollern in die Höhle. Gleichzeitig wird der Spalt oben breiter. Jetzt können die Freunde auch Stimmen und das Trompeten von Elefanten hören.

„Hallo, ist da jemand?", ruft Tammi so laut sie kann. Es kommt keine Antwort.

Sie versucht es noch einmal. „Hallo, wieso antwortet denn keiner?"

Da vernehmen die Freunde auf einmal die Stimme von Matteo. „Stopp, ich glaube, ich habe Tammi gehört!"

„Gipsy, Yambo, wartet mal", bittet Mara.

Tammi brüllt wieder: „Hallo hört ihr mich? Hallo?"

„Tammi, kannst du mich verstehen? Sind Lisa-Marie und Vincent bei dir?" Matteos Stimme dringt dumpf aber deutlich zu ihnen.

„Mensch Alter", brüllt Vincent zurück, „echt super, deine Stimme zu hören. Wo kommst du denn her? Hat Jay-Jay dich gerufen?"

„Ja, hat er. Mara und Samir sind auch bei mir. Und Gipsy mit ihrem Freund Yambo. Die schaufeln gerade den Eingang frei."

„Voll fett", ruft Lisa-Marie. „Leute, ich freue mich mega, hier raus zu kommen."

„Es dauert nicht mehr lange", versichert Matteo. „Ihr seid bald draußen."

Zur Bekräftigung trompeten Yambo und Gipsy um die Wette und arbeiten weiter. Mittlerweile sind sie von einer orangefarbenen Staubschicht bedeckt. Das scheint die beiden nicht zu stören. Voller Tatendrang räumen sie

Stück für Stück den Eingang frei. Endlich ist es soweit. Die Öffnung ist groß genug.

„Yambo, Gipsy, aufhören, es reicht!", ruft Mara.

Das gefällt den beiden Elefanten gar nicht. Vor allem Yambo hätte noch gerne weiter gemacht. Schnell greift er sich noch einen letzten dicken Stein und wirft ihn mit Schwung zur Seite. Er trompetet laut und wedelt voller Stolz mit seinen großen Ohren.

Mara und Samir streicheln die beiden. „Das habt ihr super gemacht", lobt Mara und tätschelt Gipsys Kopf.

In der frei geräumten Öffnung erscheint der blonde Lockenkopf von Vincent. Er kriecht heraus und rutscht auf seinem Po die Steine hinunter. In einer Staubwolke landet er vor Matteo und Mara. „Alter, das war voll krass aufregend!"

Nacheinander folgen ihm Tammi und Lisa-Marie. Unten angekommen, klopfen sie sich den Staub von den Jeans. Als letzter schlüpft Jay-Jay aus der Höhle.

Fiepend und schnalzend läuft er von einem zum anderen. Er macht sich große Sorgen um Dodo.

Nicht nur er. Tammi möchte sofort mit der Suche nach dem Äffchen beginnen. „Wie geht's jetzt weiter?", will sie wissen.

„Erst einmal müssen wir Gipsy und Yambo zurückbringen. Das haben wir den Tierpflegern versprochen", erklärt Samir.

Dann schaut er auf Tammi, Lisa-Marie und Vincent. „Und ihr könnt uns auf dem Weg zur Elefantenkita erzählen, was ihr erlebt habt."

Auf dem Rückweg reden erst mal alle wild durcheinander. Jeder will zuerst erzählen.

Gipsy und Yambo sind mächtig stolz, dass sie die Freunde befreien konnten. Sie stolzieren vor ihnen her, und wedeln mit den Ohren. Immer wieder heben sie ihre Rüssel und trompeten so laut, dass die Vögel in den Büschen und Bäumen erschreckt auffliegen. Laut schimpfend schießen sie wie Pfeile in den Himmel.

„Und stell dir vor, Tammi, durch deinen magischen Stein kann ich mich mit Gipsy unterhalten!", ruft Mara begeistert.

Tammi bleibt stehen. „Wie jetzt? Wieso hast du den Stein? Und wo ist er? Herr Gorius hat ihn mir nur geliehen. Ich musste ihm versprechen, gut darauf aufzupassen."

„Alles okay", beruhigt Mara. „Ich habe gut auf ihn aufgepasst. Ich habe ihn unter meinem Shirt versteckt." Sie zieht das Lederband mit dem Anhänger über den Kopf und gibt Tammi den Stein zurück.

Die seufzt erleichtert. „Uff, Herr Gorius hat ihn ganz alleine mir anvertraut. Eigentlich darf ich ihn gar nicht weitergeben."

„Hast du ja auch nicht", meint Matteo. „Ich habe den Stein aus deinem Zimmer geholt. Es war doch ein Notfall! Wie hätte ich Jay-Jay sonst verstehen können?"

„Stimmt", nickt Tammi. „Dann würden wir noch immer in dieser unheimlichen Höhle stecken."

An der Kita angekommen, bedanken sich alle nochmal bei den Elefanten für ihre Hilfe. Mara bringt Gipsy schnell zu ihrem Schlafplatz.

Samir führt Yambo zu seinen Kumpels, die neugierig herbeikommen. Sie umringen ihn, wackeln mit den Ohren und tasten mit ihren Rüsseln seinen Rücken ab. Dabei machen auch sie diese leise grollenden Geräusche. Sie wollen von Yambo wissen, was er erlebt hat.

KAPITEL 25

Wo ist Dodo?

Jay-Jay springt Tammi auf den Arm. „Wann suchen wir nach Dodo?"

Tammi nickt heftig. „Menno Leute, wir müssen Dodo unbedingt ganz schnell finden. Uns läuft die Zeit davon."

„Heute wird das nichts mehr", mischt sich Vincent ein.

„Es wird bald dunkel. Wir können froh sein, wenn wir es noch rechtzeitig zur Farm schaffen."

„Vincent hat Recht, beeilen wir uns", stimmt Samir zu, der gerade mit Mara zurückkommt.

Auf dem Heimweg ist die Suche nach Dodo das Hauptthema.

„Samir, du kennst dich doch hier aus. Wo könnten die beiden Diebe ihr Lager haben?", fragt Tammi.

„Das kann praktisch überall sein. Ich werde heute Abend bei mir im Dorf nachhören, ob jemand was gesehen hat", nimmt sich Samir vor.

„Wir müssen sie auf jeden Fall morgen finden. Nicht, dass sie mit Dodo abhauen. Die Typen sind voll gemein.

Der dünne Kerl hat Dodo in der Höhle so was von fies an dem Strick herumgezerrt!", regt sich Lisa-Marie auf.

„Tammi, wenn wir auf der Farm sind, musst du rapido, äh, ich meine sofort, deine Eltern anrufen. Vielleicht haben die Ranger einen Plan", schlägt Matteo vor.

Als sie auf der Farm ankommen, ist es fast dunkel.

Wanda steht an der Haustür. Die Fäuste in die Hüften gestemmt schaut sie den Kindern grimmig entgegen. „Wird aber auch Zeit. Wo wart ihr denn so lange? Samir, Mara, ihr wisst doch, dass es gefährlich werden kann, um diese Zeit noch im Gelände herumzulaufen. Was habt ihr euch nur dabei gedacht?"

Samir sieht ganz zerknirscht aus und scharrt verlegen mit den Füßen im Sand. „Tut mir leid, Wanda. Aber das war ein Notfall."

„Ja, der totale mega Notfall. Wanda, bitte nicht böse sein. Du wirst es nicht glauben, was uns heute passiert ist!", ruft Mara und wirft sich Wanda an die Brust.

Dann erzählen die Freunde abwechselnd, was sie alles erlebt haben.

Immer wieder schlägt Wanda empört die Hände zusammen. Vor Aufregung zerknautscht sie ihre Schürze. „Oh je, was hätte euch alles passieren können! Ein Glück, dass es gut ausgegangen ist.

Der arme Dodo muss schnell gefunden werden. Mara, ruf sofort deinen Papa an, der weiß bestimmt Rat."

Ihr Papa hebt schon nach dem ersten Klingelton ab. „Hallo Spatz, habt ihr das Gewitter gut überstanden? Ich habe mehrmals versucht, dich auf deinem Handy zu erreichen."

„Papa, du glaubst ja nicht, was heute los war. Dodo ist entführt worden." Mara erzählt ihm hastig die ganze Geschichte und fragt dann: „Papa, kannst du uns helfen? Wir müssen den armen Dodo ganz schnell finden."

„Mara, was machst du denn wieder für Sachen! Das hätte schlimm ausgehen können!

Ich sitze hier mit den Lohmeiers, Herrn Gorius und ein paar Rangern zusammen. Wir mussten die erkrankten Tiere versorgen. Wie es aussieht, haben sie sich nur den Magen verdorben. Das geht schnell wieder vorbei. Ich berate mich mit den Rangern und rufe in ein paar Minuten zurück", verspricht der Farmer.

„Ist gut, beeilt euch!" Mara beendet die Verbindung und berichtet, was ihr Papa gesagt hat.

„Bis der Boss zurückruft, könnt ihr ja schon mal was essen", schlägt Wanda vor. „Der Tisch ist schon seit Stunden gedeckt. Ich hole nur schnell die Sachen aus dem Kühlschrank."

Jetzt erst merken die Freunde, wie hungrig sie sind. Trotz ihrer Sorgen freuen sie sich auf Wandas Salate und die leckeren Sandwichs.

Mara kaut mit vollen Backen, als ihr Papa zurückruft. Sie schluckt und läuft zum Telefon.

Als sie zurückkommt, schaut sie in erwartungsvolle Gesichter. „Mach schon!", fordert Tammi Mara ungeduldig auf. „Was hat dein Vater gesagt?"

„Einer der Ranger wird morgen ganz früh, also sobald es anfängt hell zu werden, mit dem Propellerflugzeug die Gegend absuchen. Sie hoffen, die Entführer aus der Luft zu entdecken."

„Cool, da würde ich gerne mitfliegen!", ruft Tammi.

Mara nickt: „Darfst du. Samir weiß schon Bescheid. Er bringt dich ganz früh zum Wildreservat. Du verstehst Dodo doch. Sollte man ihn finden, kannst du mit ihm sprechen."

„Echt jetzt?" Tammis Augen leuchten.

„Wir wollen auch mit!", ruft Lisa-Marie.

„Nee, geht leider nicht. Wir sollen hier auf der Farm warten", seufzt Mara.

„Peccato, schade!" Frustriert schiebt Matteo seinen Teller weg.

Wanda, die gerade ein Tablett mit Eisbechern für alle hereinbringt, meint: „Wenn der Boss was anordnet, wird das auch gemacht. Esst jetzt mal euren Nachtisch und dann ab ins Bett. Tammi, ich wecke dich rechtzeitig. Morgen wird es sicher nochmal aufregend."

Enttäuscht löffeln Tammis Freunde ihr Eis. Obwohl Wanda ein extra leckeres Fruchteis kreiert hat, kann das die Stimmung nicht heben. Tammi jedoch kann vor Aufregung kaum stillsitzen.

KAPITEL 26

Suche von oben

Wanda weckt Tammi schon weit vor Sonnenaufgang. „Aufstehen, Samir wartet schon."

Sofort ist Tammi hellwach und steht leise auf. Von Lisa-Marie schaut nur ein zerzauster Lockenkopf unter der Bettdecke hervor. Lisa-Marie war gestern Abend mega enttäuscht, weil sie nicht mitfliegen darf. Da will Tammi sie jetzt nicht wecken.

Im Haupthaus wartet ungeduldig Samir. „Beeil dich, Tammi, wir müssen im Reservat sein, bevor die Sonne aufgeht. Nicht, dass uns die Wilddiebe entwischen."

Wanda reicht Tammi noch schnell einen Korb. „Hier ist dein Frühstück drin. Das kannst du auf der Fahrt essen."

Tammi gibt Wanda einen Kuss auf die Wange. „Danke Wanda." Dann läuft sie mit Samir zum Geländewagen.

Langsam wird der Himmel heller. Die vielen Millionen Sterne sind verblasst. Es dauert sicher nicht mehr lange, dann geht die Sonne auf.

Samir fährt konzentriert, aber nicht schnell. „Um diese Zeit sind oft noch Tiere unterwegs, die nachts gejagt haben. Ich will nicht, dass uns welche vor den Wagen laufen."

Als sie an der Wildtierstation ankommen, werden sie schon erwartet.

Tammis Eltern, Robin, Herr Gorius und der Boss der Strau-ßenfarm haben in den Gästezimmern der Station über-nachtet. Robin und Mama schlafen noch.

Herr Gorius und Papa wollen mitfliegen. Falls sie die zwei Wilderer entdecken, wird der Pilot sofort per Funk die Ranger informieren.

„Wo steht denn das Flugzeug?", will Tammi wissen.

„Samir bringt uns hin." Herr Gorius freut sich, nach so vielen Jahren wieder einmal mit einer Propellermaschine fliegen zu dürfen.

Es ist nicht weit. Nach einer kurzen, holprigen Autofahrt erkennt Tammi vor sich ein kleines Flugzeug. So ein Flug-zeug hat sie bisher noch nicht gesehen. Es hat schwarze und weiße Streifen, wie ein Zebra. Das sieht cool aus.

Der Pilot wartet schon. „Guten Morgen, ich heiße Caspar und werde die Maschine fliegen."

Gerade als sie in das Flugzeug einsteigen, geht die Sonne auf. Als gleißend heller Ball schiebt sie sich über einen orangefarbenen Himmel.

„Leute beeilt euch!" Caspar lässt den Motor an.

Tammis Platz ist hinten bei ihrem Papa. Mit ohrenbetäubendem Lärm setzt sich das Flugzeug in Bewegung. Erst langsam, dann immer schneller rasen sie über die staubige Piste.

Dann heben sie ab. Der Pilot kreist einmal um die Wildtierstation. Dann beginnt er mit der Suche.

Tammi ist überwältigt. In so einer kleinen Maschine zu fliegen, ist etwas ganz anderes als in einem großen Flugzeug. Es ist mega laut und wackelig. Gerade, als sie das Gefühl hat, ihr wird schlecht, zeigt Papa nach unten.

Tammi staunt. Der Fluglärm hat eine Herde Antilopen aufgescheucht. In langen hohen Sprüngen jagen sie über die Savanne.

Jetzt sehen sie immer mehr Tiere. Giraffen spazieren gemächlich dahin. Affen sitzen auf einem Felsen und suchen sich gegenseitig nach Flöhen ab. Streifengnus kauen genüsslich das harte Gras. Zebras galoppieren an ihnen vorbei.

Doch wo sind Spinnenbein und Mistkäfer?

Obwohl Tammi von dem Anblick der Tiere fasziniert ist, macht sie sich immer mehr Sorgen um Dodo.

Plötzlich ruft Herr Gorius: „Seht doch mal, dort, bei der Baumgruppe!"

Tammi kann nichts erkennen. Caspar fliegt in die Richtung, die Herr Gorius angibt. „Ja, jetzt sehe ich es auch."

Zwischen der Baumgruppe taucht ein alter Geländewagen auf. Daneben steht ein Zelt in dunkelgrünen und schlammig braunen Tarnfarben.

„Da haben wir sie!", ruft Caspar und ändert sofort die Richtung. „Wir wollen doch nicht, dass die Typen vorzeitig auf uns aufmerksam werden. Wahrscheinlich schlafen sie noch. Es ist noch früh."

Er greift nach seinem Funkgerät und ruft die Wildtierstation: „Hier Caspar, bitte kommen, bitte kommen. Wir haben das Suchobjekt gefunden."

Als sich die Wildtierstation meldet, gibt er die Position des Lagers durch. Über Funk kommt die Antwort: „Habe verstanden, in eurer Nähe sind Ranger mit einem Jeep unterwegs. Ich schicke sie zum Lager. Sie werden in etwa 15 Minuten da sein. Passt auf, dass die Diebe nichts merken."

Papa fragt den Piloten: „Können wir denn hier irgendwo landen?"

Caspar nickt. „Nicht weit von hier gibt es eine Landemöglichkeit. Da werde ich runtergehen."

Der Pilot zieht die Maschine hoch. So kann er besser nach der provisorischen Piste suchen.

Spinnenbein ist schon sehr früh aufgewacht. Er kann nicht mehr schlafen. Er grübelt, wie er den Affen unbemerkt nach Deutschland transportieren könnte.

Als er das Brummen eines Flugzeuges hört, stürzt er aus dem Zelt und schaut nach oben. Über sich kann er am heller werdenden Himmel eine kleine Maschine erkennen. Ihr Rumpf ist mit Zebrastreifen bemalt.

„Mist!", ruft er, „die haben uns bestimmt entdeckt. Nichts wie weg!"

Dodo musste die Nacht angebunden an der Stoßstange des alten Geländewagens verbringen. Nun löst Spinnenbein mit zittrigen Fingern den Strick. Ohne Mistkäfer zu wecken, zerrt er Dodo mit sich zum nächst gelegenen Trampelpfad. „Lauf schneller! Die Ranger sind bestimmt gleich hier!"

Mistkäfer ist ihm egal. Sollen ihn die Ranger doch schnappen. Dann kann er das Geld, das er für den Verkauf des Affen bekommt, für sich alleine behalten.

KAPITEL 27

Ranger im Einsatz

Herr Gorius zeigt nach unten. „Da ist die Landepiste. Wir können runter."

Das, was Herr Gorius als Piste bezeichnet, sieht für Tammi nicht anders aus, als die anderen staubigen Wege auch. Skeptisch schaut sie nach unten und denkt, wie soll dort ein Flugzeug landen?

Doch da drückt Caspar schon das Steuer nach unten. Das kleine Flugzeug schwankt hin und her, geht dann aber schnell in den Sinkflug. Die Piste kommt näher. Tammi hält den Atem an.

Mit einem heftigen Schlag treffen die Räder auf den Boden. Die Maschine macht einen Satz, dann einen Hopser und noch einen Hopser. Danach pflügt sie holpernd durch den Sand. Gelber Staub wirbelt auf.

Tammi sieht am Ende der Piste undurchdringliche stachelige Büsche. Das Flugzeug rast darauf zu. Die Piste ist viel zu kurz! Sie mag gar nicht hinsehen. Tammi presst die Augenlider zusammen und stemmt die Arme gegen den Vordersitz.

Doch Caspar schafft es. Nur wenige Meter vor den Büschen bringt er die Maschine zum Stehen. Er schaut sich zu Tammi um und grinst. „He Tammi, du hast einen ganz roten Kopf. Vergiss nicht zu atmen! Wir sind unten."

Tammi öffnet die Augen und atmet tief durch. Sie kann es kaum erwarten, aus dem Flugzeug zu kommen. Ihre Beine fühlen sich an wie Gummi.

Der Pilot und Herr Gorius springen zuerst aus der Maschine, Papa, der als letzter aussteigt, ist ein bisschen grün im Gesicht. Aber er lässt sich nichts anmerken. Mit einem schiefen Grinsen meint er: „So einen Flug erlebt man nicht alle Tage."

Herr Gorius schaut auf seine Armbanduhr. „Wir warten hier auf die Ranger. Wir dürfen nichts riskieren."

„Ach was, bis wir beim Lager ankommen, sind die Ranger bestimmt auch schon dort", meint Papa.

„Also los, folgt mir!" Caspar geht vor.

Mittlerweile steht wieder eine gleißend helle Sonne am Himmel. Von dem Unwetter am Vortag merkt man nichts mehr. Rechts und links der staubigen Straße sind die Büsche ungewöhnlich dicht. Dazwischen gibt es immer wieder Lücken, durch die sich Trampelpfade schlängeln.

„Ab jetzt müssen wir leise sein." Der Pilot zeigt nach vorne. „Seht ihr dort die Baumgruppe? Dort haben die Wilddiebe ihr Lager aufgeschlagen."

Er nimmt sein tragbares Funkgerät und spricht leise hinein: „Bitte kommen! Wir sind ganz in der Nähe des Objektes. Wo seid ihr?"

„Gleich da", meldet sich eine Männerstimme.

Erst sieht man nur eine Staubwolke. Dann erkennt Tammi einen Land Rover, der langsam näher kommt.

Als der Geländewagen vor ihnen stoppt, steigen zwei Ranger aus. Einer der Männer tippt sich an sein Basecap. „Guten Morgen, ich bin Bill. Das ist mein Kollege Frank."

Als Caspar seine Passagiere vorgestellt hat, meint Bill: „Wir werden jetzt direkt zum Lager fahren und die Diebe stellen.

Caspar, komm du mit uns. Wir können Verstärkung gebrauchen. Und ihr", wendet sich Bill an die anderen, „ihr haltet euch zurück. Die Aktion ist nicht ungefährlich. Wir wollen uns auf die Wilddiebe konzentrieren und nicht auch noch auf euch achten. Das versteht ihr doch?"

„Klar", nickt Papa und lächelt. „Wir haben keine Übung im Fangen von Wilderern. Das überlassen wir besser den Profis."

Herr Gorius grinst: „Vor ein paar Jahren hätte ich mir das nicht entgehen lassen. Aber ich bin nicht mehr der Jüngste. Ich leiste lieber Tammi und Herrn Lohmeier Gesellschaft."

„Dann los!" Bill Frank und Caspar springen in den Wagen. Bill gibt Gas. Jetzt ist es ihm egal, ob ihn die Tierfänger hören. Jetzt muss es schnell gehen.

Tammi, Papa und Herr Gorius schauen ihnen nach.

Herr Gorius kratzt sich am Kopf. „Tja, ob wir nicht doch ein klitzekleines Bisschen näher an den Tatort heran gehen sollen? Ich würde zu gerne sehen, was dort geschieht."

Tammi springt aufgeregt herum. „Oh ja, bitte, bitte. Ich habe Angst um Dodo. Vielleicht braucht er meine Hilfe!"

„Tammi, du hast doch gehört, was Bill gesagt hat. Das kann gefährlich sein." Papa schaut besorgt.

„Ach was, wenn wir weit genug weg bleiben und Spinnenbein und Mistkäfer uns nicht sehen, kann doch nichts passieren. Wir verstecken uns einfach im Gebüsch." Tammi versucht Papa zu überzeugen.

„Tammi hat Recht", meint Herr Gorius. „Wenn wir es so machen, was soll dann passieren?"

„Na gut", seufzt Papa, „überredet. Aber wir gehen hintereinander. Und Sie, Herr Gorius, gehen vor. Sie kennen sich hier am besten aus."

157

Kurz vor dem Lager der Wilderer verstecken sie sich im Gebüsch. Zelt und Geländewagen haben sie im Blick.

Sie sehen, wie die Ranger ihren Wagen direkt vor dem dunkelgrün und braun gemusterten Zelt stoppen, herausspringen und darauf zu laufen.

Da kommt Mistkäfer um die Ecke gestolpert. Er musste mal und hatte sich hinter dem Zelt in die Büsche geschlagen. Noch ganz verschlafen gähnt er und versucht, den Reißverschluss seiner Hose hochzuziehen. „Das verflixte Ding klemmt mal wieder", schimpft er vor sich hin. Er ist so beschäftigt, dass er die Ranger noch gar nicht bemerkt hat.

„Halt, stehenbleiben!", ruft Bill und läuft auf Mistkäfer zu. Caspar und Frank stürmen derzeit in das Zelt.

Verdattert schaut Mistkäfer hoch. „Hä, wer seid ihr denn? Wieso erschreckt ihr mich am frühen Morgen?"

„Du weißt genau, warum wir hier sind." Bill angelt ein Paar Handschellen aus seiner Hosentasche und lässt sie um die Handgelenke von Mistkäfer schnappen. „So, einen haben wir. Jetzt brauchen wir nur noch Nummer zwei."

In dem Moment kommen Caspar und Frank aus dem Zelt. Ohne Spinnenbein. „Im Zelt ist niemand." Frank zuckt mit den Schultern. „Der Vogel ist ausgeflogen."

Tammi hält es nicht mehr im Gebüsch. Sie stürmt auf die Ranger zu und ruft: „Wo ist Spinnenbein mit Dodo?"

„Weit kann er nicht sein", meint Bill. „Wir müssen die Umgebung absuchen."

Da nähert sich ein anderer Land Rover und stoppt neben ihnen. Ein weiterer Ranger steigt aus. „Hallo zusammen. Ich war in der Nähe und habe euren Funkspruch gehört. Da dachte ich, ihr benötigt vielleicht Hilfe." Er betrachtet Mistkäfer und grinst: „Aber wie ich sehe, braucht ihr mich nicht mehr."

Bill freut sich. „Mensch Tim, du kommst wie gerufen! Einer der Wilddiebe ist mit dem Äffchen abgehauen. Wir müssen ihn schnellstens suchen. Übernimm du doch diesen Kerl hier und bring ihn schon mal ins Gefängnis."

„Okay, mach ich." Tim öffnet die hintere Tür seines Land Rovers und verfrachtet Mistkäfer auf dem Rücksitz.

Dann schiebt er sich hinter das Lenkrad und lässt den Motor an. Grüßend tippt er sich an die Stirn. „Viel Glück bei der Fahndung."

Als der Land Rover an Tammi vorbei fährt, sieht sie, wie Mistkäfer versucht, die Handschellen abzustreifen.

Bill grinst: „Bis der merkt, dass er die Handschellen nicht los wird, ist er erst mal eine Weile beschäftigt."

Zur gleichen Zeit hetzt Spinnenbein weitab von der Straße durch das Gelände. Er will eine Abkürzung zur nahe gelegenen Stadt nehmen. Er hofft, dass ihn die Ranger im dichten Gestrüpp nicht finden.

„He, Affe, geht's auch schneller?" Spinnenbein zerrt an dem Strick.

Dodo denkt nicht daran, schneller zu laufen. Er hofft, dass ihn bald jemand findet.

KAPITEL 28

Wildtiere in Aufruhr

Während Dodo auf Hilfe hofft, sitzt Tammi schon wieder mit Caspar, Papa und Herrn Gorius im Flugzeug.

Caspar bringt das Flugzeug in Position und startet. Die Maschine holpert über die Piste. Kurz vor ihrem Ende zieht er sie in die Höhe.

Tammi hat gar keine Zeit, Angst zu haben. Zu groß ist ihre Aufregung. Unter sich sieht sie den Land Rover von Bill und Frank. „Papa, was ist, wenn wir Dodo nicht finden? Dann sehe ich ihn vielleicht nie mehr!" Tränen purzeln aus ihren Augen.

„Wir werden den Wilderer und deinen Dodo finden, verlass dich drauf", versichert Caspar.

Aber es ist wie verhext. Weit und breit ist nicht die kleinste Spur von Dodo und Spinnenbein zu sehen.

Plötzlich ruft Caspar: „Seht mal, was ist denn da los!"

Aus allen Richtungen strömen die unterschiedlichsten Tiere herbei. Elefanten, Affen, Zebras, Springböcke und von ganz hinten kommen schwerfällig zwei Nashörner angetrabt. Um alle diese Tiere flattern aufgeregt Vögel in den unterschiedlichsten Farben.

Tammi schaut verblüfft ihren Papa an. „Was geht denn da ab?"

Der zuckt mit den Schultern und wendet sich an den Piloten.

„Haben Sie eine Erklärung für diese Tierinvasion?"

„Nein, habe ich nicht. Ich werde mal über sie hinweg fliegen. Vielleicht kann ich weiter vorne was erkennen." Caspar gibt Gas. Die Maschine beschleunigt.

Tammi schaut fasziniert nach unten. „Es sieht aus, als hätten alle Tiere das gleiche Ziel. Aber wieso?"

Herr Gorius deutet aus dem Fenster: „Jetzt schaut euch das mal an!"

Nicht weit vor den Tieren rennt Spinnenbein durch das Gebüsch. Immer noch versucht er, Dodo mit sich zu ziehen. Doch der stemmt jetzt die Füße in den Sand und weigert sich, weiter zu laufen.

„Können wir hier irgendwo landen?", ruft Tammi dem Piloten zu.

Caspar schüttelt den Kopf. „Hier nicht, aber in der Nähe ist eine Verladestation für Wildtiere. Dort kann ich runter."

Spinnenbein spürt, wie der Boden unter den Schritten der Elefanten erzittert. Die Tiere kommen immer näher. Er hetzt weiter und schleift Dodo mit sich. „Mensch Affe, so lauf doch. Sonst holen sie uns ein!", ruft er verzweifelt.

Spinnenbein stolpert über einen dicken Stein. Er strauchelt, kann sich nicht mehr halten und fällt der Länge nach auf den Boden. Dabei schlägt er sich an einem Stein sein rechtes Knie auf. Schimpfend rappelt sich Spinnenbein wieder auf und humpelt weiter. Dodos Strick hält er immer noch fest in der Hand.

Jetzt sind die ersten Elefanten schon ganz nah. Mit hoch erhobenen Rüsseln stampfen sie auf ihn zu. Unter ihren schweren Tritten fliegt der Sand hoch.

Spinnenbein kann nicht mehr. Keuchend ringt er nach Atem und bleibt stehen. Er bebt vor Angst.

Die Zebras und Springböcke galoppieren an den Elefanten vorbei. Sie kreisen Spinnenbein und Dodo ein.

Die beiden Nashörner haben nicht mitbekommen, dass Spinnenbein nicht mehr weiter läuft. Sie haben schlechte Augen. Als sie merken, dass alle stehenbleiben, stemmen sie ihre Hufe in den Sand, um zu bremsen. Ihre mächtigen Körper schlittern in einer Staubwolke über den Boden. Kurz vor Spinnenbein kommen sie zum Stehen.

Vor Schreck lässt der Tierschmuggler Dodos Strick fallen. Er traut sich nicht mehr, sich zu bewegen. Nur seine Zähne klappern, so fürchtet er sich.

Die Nashörner schnauben laut mit gesenkten Köpfen. Sie scharren mit den Vorderhufen. Drohend richten sie ihre Hörner gegen Spinnenbein.

Die Elefanten wedeln mit ihren großen Ohren und trompeten furchterregend. Die Affen springen um Spinnenbein und Dodo herum und kreischen um die Wette.

Dodos Augen leuchten. Er ist ganz überwältigt. Wo kommen nur alle diese Tiere her? Wer hat sie geschickt?

Spinnenbein schlottern die Knie. Da hört er Motorengeräusche. Ein Land Rover rast heran. Als der Fahrer die vielen Tiere bemerkt, bremst er so hart, dass kleine Steine unter den Reifen weg spritzen.

„Hast du schon mal so was gesehen? Tiere, die einen Wilderer in ihrer Mitte festhalten?", fragt Bill fassungslos.

Verblüfft schüttelt Frank den Kopf. „Aber sieh mal, da kommt Tammi mit ihrem Vater, Herrn Gorius und Caspar!"

„Das glaube ich jetzt nicht! Habe ich ihnen nicht deutlich gesagt, dass sie sich zurückhalten sollen?" Bill schlägt verärgert auf das Lenkrad.

Als Tammi Dodo sieht, ist die Mahnung von Bill vergessen. Sie hat nur noch Augen für Dodo. Sie rennt los. Sie läuft an allen Tieren vorbei und stürzt sich auf das Äffchen. Ohne die wilden Tiere zu beachten, hebt sie Dodo hoch und umarmt ihn ganz fest.

Caspar sprintet hinter Tammi her. Im Laufen zieht er seine Spezialpistole, mit der man wilde Tiere betäuben kann. „Keine Angst Herr Lohmeier!", ruft er, „ich passe auf!"

Bill und Frank springen aus dem Wagen. Auch sie zücken ihre Betäubungspistolen und stürmen hinter Caspar her.

Spinnenbein hat sich vor Angst noch immer nicht gerührt. Mit aufgerissenen Augen verfolgt er, was geschieht.

Jetzt bricht ein ohrenbetäubender Lärm los. Die Elefanten trompeten triumphierend. Die Affen kreischen begeistert.

Die Nashörner schnauben zufrieden. Die Zebras geben helle keuchende Laute von sich.

Als Spinnenbein die Ranger auf sich zukommen sieht, reißt er die Arme in die Höhe und ruft weinerlich: „Gut, dass ihr kommt! Diese wilden Tiere hier wollten mich fressen! Ihr habt mich gerettet!"

Bill hat schon ein Paar Handschellen parat. Mit einem lauten Klick rasten sie um Spinnenbeins Handgelenke ein. Grimmig betrachtet er den Wilddieb. „Ich glaube kaum, dass du noch froh sein wirst, uns getroffen zu haben, wenn wir dich im Gefängnis abliefern."

Dodo schmiegt sich in Tammis Arme und beobachtet die Ansammlung der Tiere. „Sieh mal, so viele sind gekommen, um mir zu helfen, onk, onk. Woher die wussten, dass der böse Mann mich gefangen hat?"

Als die Wildtiere merken, dass Dodo in Sicherheit ist und die Ranger Spinnenbein geschnappt haben, machen sie sich zufrieden auf den Rückweg.

Die Elefanten drehen sich um und stapfen gemeinsam durchs Gebüsch. Bald hört man nur noch ihr tiefes leises Grollen.

Zebras und Springböcke jagen sich gegenseitig und achten nicht mehr auf die Menschen. Auch die beiden Nashörner haben sich davon gemacht.

Als die Affen sehen, dass Dodo sicher auf Tammis Arm sitzt, keckern sie zufrieden und sausen davon. Bald sind auch sie im Gebüsch verschwunden.

Verdutzt schauen alle den Tieren hinterher. „So was habe ich in meiner ganzen Zeit als Ranger noch nicht erlebt", meint Bill.

„Vielleicht bekommen wir nie raus, wieso uns die Tiere geholfen haben", überlegt Tammi laut. „Das war total krass. Das Allerkrasseste, was ich je erlebt habe!"

Bill wendet sich an Spinnenbein. „So, jetzt geht's ab ins Gefängnis. Dort wartet schon dein Kumpel auf dich!"

Die Ranger nehmen Spinnenbein in die Mitte und verfrachten ihn im Land Rover.

KAPITEL 29

Alle sind erleichtert!

Als Papa, Herr Gorius und Tammi mitsamt Dodo wieder im Flugzeug sitzen, startet Caspar, um zur Wildtierstation zurück zu fliegen.

Dodo kuschelt sich an Tammi. „Ich es noch gar nicht kann glauben, wieder bei dir zu sein, onk, onk". Er reibt seine Nase an Tammis Stirn und gibt ihr einen dicken Kuss auf die Wange.

„Ach Dodo, ich bin wegen dir fast durchgedreht. Echt super, dass so viele mitgeholfen haben, dich zu befreien. Ohne Lisa-Marie, Vincent, Matteo, meine Eltern, Herrn Gorius und auch Mara hätte das alles nicht funktioniert. Und natürlich nicht ohne die Ranger. Und dann auch noch die vielen Tiere!" Tammis Augen glänzen vor Begeisterung.

„Ich bin so froh, onk, onk. Ohne euch ich wäre ganz alleine." Dodo schaut Tammi traurig an. „Wo aber nur ist meine richtige Familie? Wir doch sind schon so viele Tage hier. Warum finden wir sie nicht?"

„Menno, das weiß ich doch auch nicht. Wir haben überall herumgefragt. Es ist wie verhext! Keiner weiß was Genaues." Tammi streichelt Dodo. „Wir müssen sie einfach finden!"

Der Pilot geht in den Sinkflug, landet und bringt die Maschine holpernd in einer Staubwolke zum Stehen.

Als Tammi mit Dodo auf dem Arm hinter ihrem Vater aus dem Flugzeug klettert, kommen auch schon ihre Freunde angerannt. Samir hat sie her gefahren.

Dodo windet sich aus ihren Armen und hechtet vor Freude kreischend auf den Boden. Er hat Jay-Jay entdeckt. Jay-Jay springt ihm aufgeregt keckernd auf die Schulter. Dann hopst er wieder herunter und rast davon. Dodo folgt ihm, und die beiden toben um das Flugzeug.

Die Freunde umringen Tammi und reden alle gleichzeitig auf sie ein.

„Stopp!", lacht Tammi, „ich verstehe gar nichts."

Vincent kommt als erster zu Wort. „Wie konntet ihr Dodo so schnell finden?"

„Wie wurden Spinnenbein und Mistkäfer gefangen? Succede, äh geht das so ab, wie bei den Krimis im Fernsehen?" Matteo verwechselt mal wieder die Sprachen.

„Kommt erst einmal mit zur Wildtierstation", bestimmt Papa.

Auf dem Weg dorthin erzählt Tammi kurz, wie Dodo befreit werden konnte. „Aber am tollsten waren die vielen Tiere, die auf einmal aufgetaucht sind und Spinnenbein umzingelt haben."

„Alter! Wo kamen die denn her? Und von wem wussten sie, dass Dodo in Gefahr ist?" Lisa-Marie schüttelt ungläubig den Kopf.

Mara schaut nachdenklich. „Ich habe da so eine Idee."

„Komm schon", drängt Vincent, „Was für eine Idee!"

„Später", winkt Mara ab.

An der Wildtierstation angekommenen, umarmt Mama abwechselnd Tammi und ihren Mann. Auch Dodo wird geknuddelt. „Bin ich froh, euch gesund wieder zu haben!"

„Könnte mir vielleicht auch mal jemand erklären, was passiert ist?" Robin schaut von einem zum anderen. „Ich verstehe nämlich nur Bahnhof."

Tammi lacht und verstrubbelt seine Haare, die ihm wie immer vom Kopf abstehen. „Ach Broccoli, seit gestern ist so viel passiert! Ich erzähle es dir später."

„Was wird jetzt aus den beiden Wilddieben?", fragt Vincent.

„Bill hat mir erklärt, dass sie im Gefängnis erst mal verhört werden und dann vor ein Gericht kommen", antwortet Tammi.

„Was passiert vor einem Gericht?", will Lisa-Marie wissen.

In einem Gerichtssaal wird das, was die Wilderer gemacht haben, einem Richter erzählt. Der Richter entscheidet dann, wie die beiden bestraft werden", erklärt Papa.

„Müssen sie dann im Gefängnis bleiben?", fragt Matteo.

„Kann schon sein", vermutet Herr Gorius. „Der Diebstahl von Wildtieren wird hier schwer bestraft."

„Für heute hatten wir genug Aufregung. Wir fahren jetzt zur Straußenfarm zurück", bestimmt Mama.

Nach einer holprigen Autofahrt zur Straußenfarm, steigen alle müde aber glücklich aus. Kreischend fliegt ihnen Jamaal entgegen.

Aufgeregt flattert er um den Land Rover herum. Als er Herrn Gorius sieht, setzt er sich sofort auf dessen Schulter und reibt den Kopf an seinem Hals. Dabei gurrt er leise zärtliche Laute. Er ist froh, ihn wieder zu haben.

Als dann auch noch sein Freund Jay-Jay gefolgt von Dodo aus dem Auto springt, gibt es kein Halten mehr. Die drei begrüßen sich mit ohrenbetäubendem Kreischen und Fiepen. Voller Übermut rasen sie davon.

Lachend schauen ihnen die Kids hinterher.

„So", meint Herr Gorius, „ich weiß zwar nicht, wie es euch geht. Ich jedenfalls habe einen fürchterlichen Kohldampf."

Erst jetzt merken alle, wie hungrig sie sind.

„Ich gebe Wanda Bescheid. Wir treffen uns dann in einer Stunde auf der Terrasse." Herr Gorius geht zum Haupthaus, um Wanda zu suchen.

KAPITEL 30

Großes Rätselraten

Beim Abendessen leistet ihnen der Boss der Straußenfarm Gesellschaft. Weil er wichtige Termine hatte, konnte er nicht an der Fahndung nach Dodo und den Wilderern teilnehmen. Jetzt will er die ganze Geschichte von Anfang an hören.

Tammi schildert noch einmal den aufregenden Tag. Dodo, der mit am Tisch sitzen darf, verputzt mit gutem Appetit den Salatkopf, die leckeren Früchte und Nüsse, die ihm Wanda zur Feier des Tages an seinen Platz gestellt hat.

Robin nervt mit seinen vielen Fragen. Irgendwann stöhnt Tammi: „Menno Broccoli, was willst du denn noch wissen! Wir haben dir doch schon alles erzählt."

„Dann holt mich doch nächstens mit, wenn ihr so toll viel Spannendes macht. Ich will auch so was erleben!", ruft Robin vorwurfsvoll.

Mama häuft ihm noch etwas Reis auf den Teller. „Ach Robin, ich bin froh, dass du bei mir geblieben bist. Sonst hätte ich mir auch noch um dich Sorgen machen müssen. Außerdem", schmunzelt sie, „wer hätte dann auf mich aufgepasst?"

Robin schaut seine Mama mit großen Augen an. „Echt jetzt? Meinst du das wirklich?"

Mama nickt ganz ernst. Robin guckt so stolz in die Runde, dass sich die anderen ihr Grinsen verkneifen.

„Aber wieso haben alle diese wilden Tiere Spinnenbein gestellt? Das frage ich mich wieder und wieder", grübelt Tammi laut.

„Das wüsste ich auch gerne." Herr Gorius schenkt sich ein Glas Weißwein ein.

Maras Papa putzt sich mit seiner Serviette den Mund ab. „Ich bin sicher, da muss es irgendwo einen Zusammenhang geben. Aber wo?"

„Vielleicht kann ich ja das Rätsel lösen." Mara schaut zu Tammi und Herrn Gorius. „Könnte ich morgen noch mal kurz den magischen Stein haben?"

„He Mara, komm, sag schon, was hast du vor?" Tammi ist jetzt ganz neugierig.

Mara lächelt nur geheimnisvoll. „Abwarten."

Fragend schaut Tammi zu Herrn Gorius. Der nickt zustimmend. „Also gut, Mara. Hol dir nachher den magischen Stein bei Tammi ab. Ich leihe ihn dir ausnahmsweise noch einmal aus. Obwohl ich auch zu gerne wüsste, warum."

Als Tammi und Lisa-Marie in ihren Betten liegen, hört Tammi, dass sich Lisa-Marie unruhig von einer Seite auf die andere wirft. „Kannst du nicht schlafen?", fragt sie im Dunkeln.

„Habe ich dich geweckt?", fragt Lisa-Marie zurück.

„Nein, ich kann auch nicht schlafen", seufzt Tammi und steht auf. „Die Affen, die heute geholfen haben Spinnenbein zu fangen, sahen alle nicht wie Dodo aus. Aber wo ist seine Familie?

Es laufen mir so viele Gedanken im Kopf herum. Der arme Dodo! Was muss er Angst gehabt haben, als ihn Spinnenbein gefangen hat!" Tammi geht ans Fenster, um frische Luft herein zu lassen.

Mara klopft ihr Kissen zurecht. „Ich kriege die Bilder vom Einsturz des Höhleneingangs nicht aus dem Kopf. Das war voll krass. Echt super, dass uns Mara mit den Elefanten da rausgeholt hat."

Tammi betrachtet den Himmel. Vereinzelt ziehen kleine Wolken vorüber und verdecken die vielen funkelnden Sterne. Der Mond ist nicht zu sehen.

Doch dann stutzt Tammi. Hat sich da nicht etwas bewegt? Sie schaut genauer hin. Direkt unter ihrem Fenster steht jemand. Ist das nicht Dodo, der zu ihr aufschaut? Sie öffnet das Fenster, um nach ihm zu rufen.

Doch die Gestalt verschwindet blitzschnell hinter der Hausecke. Tammi ist sicher, Dodos schaukelnden Gang erkannt zu haben.

„Lisa-Marie, komm doch mal her. Das ist ja komisch."

Lisa-Marie klettert aus dem Bett und stellt sich zu Tammi ans Fenster. „Was geht ab?"

Tammi schüttelt zweifelnd den Kopf. „Mir war so, als hätte ich Dodo da unten gesehen. Aber das kann gar nicht sein. Er schläft doch heute mit Jay-Jay im Ferienhaus von Herrn Gorius. Außerdem, warum sollte er abhauen, wenn ich das Fenster aufmache?"

Lisa-Marie beugt sich weit aus dem Fenster und sucht die Umgebung ab. „Mhm, ich kann nichts erkennen. Du hast bestimmt ein herumstreunendes Was-auch-immer-für-ein-Tier gesehen", vermutet Mara. „Komm, lass uns jetzt schlafen. Wir müssen morgen früh raus, Dodos Familie suchen."

„Du hast Recht, ich sehe schon überall Dodos." Tammi krabbelt wieder ins Bett.

„Sag mal", Tammi schüttelt ihr Kopfkissen auf, „was hältst du von Mara?"

Lisa-Marie überlegt, dann meint sie: „Ich finde Mara cool. Sie hat uns zur Elefantenkita mitgenommen und auch gleich reagiert, als wir Hilfe brauchten.

Es ist bestimmt nicht einfach für sie, so ohne Mama. Auch wenn sie Wanda hat."

„Ich kann mir gar nicht vorstellen, dass Mama nicht mehr da wäre." Bei dem Gedanken wird Tammi ganz traurig. Doch dann setzt sie sich im Bett auf. „Hast du eine Idee, warum Mara den magischen Stein braucht?"

„Nee, keine Ahnung. Morgen wissen wir es", murmelt Lisa-Marie verschlafen.

Gleich darauf hört Tammi aus Lisa-Maries Bett leises Schnarchen. Tammi grinst, kuschelt sich in ihr Kissen und ist gleich darauf auch eingeschlafen.

KAPITEL 31

Endlich eine heiße Spur

Nach dem Frühstück sitzen die Freunde auf der Umzäunung des Straußengeheges und beobachten die großen Vögel. Dodo wuselt mit Jay-Jay um die Strauße herum und versucht sie zu ärgern.

Samir ist dabei, an einer Stelle das Holzgatter zu reparieren. „He Tammi, sag Dodo, er soll damit aufhören. Wenn die Strauße wütend werden und ihn mit ihren scharfen Krallen erwischen, kann das böse ausgehen!"

„Dodo, Jay-Jay, kommt sofort aus dem Gehege. Lasst die Strauße in Ruhe!", ruft Tammi.

Beide kommen angerannt. Dodo klettert neben Tammi auf das Gatter. „Schade, Strauße ärgern macht Spaß, onk, onk."

Tammi krault Dodo auf dem Kopf. „Sag mal, warst du gestern Abend nochmal draußen?"

„Wieso fragst du?", will Dodo wissen. „Du weißt doch, dass ich geschlafen habe mit Jay-Jay bei Herrn Gorius".

Tammi zuckt mit den Schultern. „Nur so."

Sie wendet sich an ihre Freunde. „Jetzt, wo Dodo wieder da ist, müssen wir unbedingt alles geben, um seine Familie zu finden. Die Zeit wird knapp!"

„Allora, fassen wir zusammen, was wir bisher erfahren haben", schlägt Matteo vor.

Vincent seufzt: „Das ist mega wenig. Wir wissen eigentlich nur, dass ein Dorfbewohner mal so eine Affenrasse gesehen hat. Und die Ranger hatten auch keinen Plan."

„Schade, dass uns Mara nicht helfen konnte", bedauert Matteo.

„Apropos Mara. Habt ihr sie heute Morgen schon gesehen?" fragt Vincent.

Die Freunde schauen sich an.

„Sie hat gar nicht mit uns gefrühstückt." Lisa-Marie wickelt einen Kaugummi aus der Verpackung und steckt ihn sich in den Mund. „Kommt, wir fragen Wanda. Die weiß bestimmt, wo Mara steckt."

Sie finden Wanda in der Küche. Sie backt gerade Brot. Mit bemehlten Händen knetet sie den Teig und klatscht ihn immer wieder auf die Tischplatte, bis er schön glänzt. Dann legt sie ihn in eine Schüssel und deckt ein Küchentuch darüber. „So, jetzt muss der Teig einige Zeit ruhen."

„Scousa, äh Entschuldigung, Wanda, wissen Sie wo Mara ist?", fragt Matteo.

„Mara ist ganz früh mit ihrem Papa in die Stadt gefahren. Sie liefern neue Taschen, Gürtel und bemalte Straußeneier an die Geschäfte aus.

Auf dem Rückweg will Mara dann noch zu Gipsy. Zum Mittagessen sind die beiden wieder zurück." Wanda öffnet die Ofentür und zieht ein Blech mit knusprigem Gebäck heraus. Sofort zieht ein wundervoller Duft nach Vanille durch die Küche.

Den Kindern läuft das Wasser im Munde zusammen. Wanda betrachtet ihre Gesichter und grinst. „Ich habe das Gebäck nach einem Rezept aus Deutschland gebacken. Möchtet ihr probieren?"

Da sagen die Freunde nicht nein. Mit vollen Backen kauend treffen sie draußen auf Mama und Robin.

„Papa und ich fahren mit Robin zur Elefantenkita. Ihr habt so von den kleinen Elefanten geschwärmt, dass er sie unbedingt auch besuchen will. Wollt ihr mitfahren?", fragt Mama.

„Cool, dann können wir die Tierpfleger fragen, ob sie schon mal so Affen wie Dodo gesehen haben. Und bei Gispy und Yambo gehen wir auch noch vorbei." Tammi schaut zu ihren Freunden. „Macht ihr mit?"

Lisa-Marie lässt einen Kaugummi knallen. „Geht klar!"

„Super", freut sich Tammi. „Ich frage nur noch schnell Dodo, ob er auch mitkommt."

Dodo will nicht mit. „Ich lieber spiele mit Jay-Jay und Jamaal." Dodo grinst. „Die bösen Männer sind gefangen. Ich muss haben keine Angst mehr, onk, onk."

Tammi nickt. „Die fiesen Typen sind jetzt selbst eingesperrt und wissen nun, wie sich so was anfühlt. Geschieht ihnen recht."

Papa wartet schon mit laufendem Motor. Er hat sich mittlerweile einen Geländewagen gemietet.

„Tschüss Dodo. Mach keinen Quatsch. Wir sind bald wieder zurück!" Tammi läuft zum Auto.

Als die Lohmeiers mit den Kids bei der Kita aussteigen, hören sie schon lautes Trompeten.

Tammi nimmt Robins Hand. „Hörst du, wie aufgeregt die Elefanten sind? Es ist Essenszeit, da warten sie auf ihre Milch. Komm Broccoli, das schauen wir uns an!"

Vincent und Matteo laufen gleich weiter zur Wasserstelle. Sie haben keine Lust auf die Fütterung. Viel lieber wollen sie den Elefanten beim Baden zusehen. Mama und Papa schließen sich den Jungs an.

Da sieht Tammi einen Geländewagen um die Ecke biegen. „Sieh mal, Lisa-Marie, da kommen Mara und der Farmer. Lass uns doch auf Mara warten. Dann kann sie Broccoli gleich Gipsy zeigen."

Mara läuft auf die Mädchen zu. „He, was macht ihr denn hier?"

„Wir sind mit meinen Eltern hergefahren. Die wollten sich auch mal die Elefantenkita ansehen. Broccoli auch. Der nervt deswegen schon die ganze Zeit." Tammi knufft Broccoli in die Seite.

„Wir haben vor, bei der Fütterung der Elefanten zu helfen. Dabei können wir gleich die Tierpfleger fragen, ob sie hier schon mal Affen wie Dodo gesehen haben. Danach besuchen wir noch Gipsy und Yambo. Wir wollen unbedingt noch mal danke sagen, dass sie uns aus der Höhle befreit haben. Sieh mal, wir haben für die beiden einen Korb mit Äpfeln und Karotten mitgebracht."

„Mhm", druckst Mara herum. „Super Idee. Lasst mich aber erst mal mit Gipsy alleine, okay?"

Tammi und Lisa-Marie schauen sich an. Tammi zuckt mit den Schultern. „Wenn du meinst."

Mara, dreht sich um und läuft zu Gipsys Unterstand.

„Was war das denn?", fragt Lisa-Marie verblüfft.

„Weiß auch nicht", meint Tammi. „Los Robin, komm, wir füttern die Elefantenbabys."

Als die Elefanten satt sind, bedanken sich die Tierpfleger für die Hilfe. Robin hat vor Aufregung mal wieder ein ganz rotes Gesicht. Mit Unterstützung eines Helfers durfte er dem kleinsten Elefantenbaby die Milchflasche geben.

„He Robin, ich nenne dich in Zukunft nicht mehr Broccoli sondern Tomate", grinst Tammi.

„Das war mega cool. Ob ich morgen noch mal herkommen darf?" Robins Augen glänzen.

Tammi gibt ihrem Bruder einen Klaps. „Mal sehen."

Sie wendet sich an die beiden Tierpfleger. „Ihr kennt euch doch super gut hier aus. Ist euch in letzter Zeit mal so eine Affenart wie Dodo begegnet?"

„Du meinst den kleinen Affen, den du das letzte Mal dabei hattest?", fragt der ältere der beiden.

„Genau, wir suchen nämlich nach seinen Eltern. Dodo wurde hier in der Gegend entführt und nach Deutschland gebracht. Leider konnte uns bisher niemand weiter helfen", erklärt Tammi.

Die Tierpfleger schauen sich an. „Doch", nickt da der Wortführer. „Wir haben gerade gestern nochmal darüber gesprochen. Wir erinnern uns, dass wir vor mehr als einem Jahr eine Gruppe von Affen gesehen haben, die wie Dodo aussahen.

Doch plötzlich waren sie verschwunden. Wir haben uns nichts dabei gedacht, weil hier immer mal wieder unterschiedliche Affenarten auftauchen. Sie suchen nach einem neuen Zuhause. Wenn es ihnen hier gefällt, bleiben sie. Wenn nicht, ziehen sie weiter."

„Wo genau habt ihr sie gesehen?", fragt Lisa-Marie aufgeregt.

„Das ist nicht weit von hier. Wenn ihr wollt, bringe ich euch morgen hin", bietet der Tierpfleger an.

„Das wollen wir unbedingt! Ich frage meine Eltern, sobald sie von der Wasserstelle zurückkommen!", ruft Tammi. „Endlich haben wir eine heiße Spur!"

KAPITEL 32

So war das also

Als Tammi mit Lisa-Marie und Robin in die Nähe von Gipsys Unterstand kommt, sieht sie, wie der kleine Elefant unruhig vor Mara hin und her läuft. Er schwingt seinen Rüssel über den Kopf und trompetet laut.

Mara sagt etwas zu Gipsy. Das Elefantenmädchen bleibt stehen, wackelt mit seinem dicken Kopf und gibt grollende Geräusche von sich. Gerade so, als würde es Mara etwas erzählen. Mara lacht laut.

Als die drei näher kommen, hören sie, wie Mara ruft: „Mensch Gipsy, super Idee!"

„Was ist eine super Idee?", will Tammi wissen.

Mara erklärt: „Ich habe mir den magischen Stein nochmal ausgeliehen, um Gipsy zu fragen, ob sie eine Ahnung hat, warum die vielen Wildtiere Dodo geholfen haben."

„Was hat sie geantwortet?", fragt Tammi neugierig.

Mara grinst. „Das glaubt ihr nie!"

„Nun sag schon", drängt Lisa-Marie. „Was glauben wir nie?"

„Ihr glaubt nie, was Gipsy mir gerade erzählt hat!"

„Nämlich?", rufen Tammi und Lisa-Marie gleichzeitig. Robin schaut gespannt von einer zur anderen.

Mara holt tief Luft. „Es war Gipsy, die die Tiere geschickt hat!" Stolz schaut sie Tammi und Lisa-Marie an. „Ist sie nicht schlau?"

„Wie jetzt?", Lisa-Marie lässt ihren Kaugummi knallen.

Mara krault Gipsy hinter den Ohren. „Gipsy und Yambo haben doch geholfen, euch aus der Höhle zu befreien."

„Klar", nickt Lisa-Marie.

Mara fährt fort: „Danach überlegten wir vor der Höhle, wie wir Dodo finden könnten. Erinnert ihr euch?"

Tammi rollt mit den Augen. „Ist ja noch nicht lange her. Und dann"

Mara lässt sich nicht hetzen. „Weil ich den magischen Stein trug, konnte Gipsy mich verstehen. Auf dem Rückweg zur Kita erzählte Gipsy dann Yambo, was sie gehört hatte. Daraufhin beschlossen die beiden, uns zu helfen."

„Und, wie ging es dann weiter?", fragt Lisa-Marie ungeduldig.

Mara berichtet: „Elefanten können doch über viele Kilometer weit miteinander sprechen. Also informierten Gipsy und Yambo in der Nacht die Elefanten in der Umgebung über Dodos Entführung.

In dieser Nacht waren viele Elefanten in der Nähe, die Dodos Geschichte hörten. Die Empörung war so groß, dass ein tiefes Grollen durch die Wildnis ging.

Gipsy und Yambo fragten die anderen Elefanten, ob vielleicht jemand die beiden Wilderer oder Dodo gesehen hätte.

Eine Gruppe von Elefanten meldete sich. Ihnen waren zwei Männer aufgefallen. Sie fanden es komisch, dass ein kleiner Affe an einem Strick hinter den Männern herlaufen musste.

Neugierig folgten sie den beiden zu ihrem Lager. Als der kleine Affe dann mit den Männern im Zelt verschwand und nichts weiter passierte, zogen die Elefanten weiter und dachten nicht mehr darüber nach."

Mara endet: „Als die übrigen Elefanten das hörten, wollten sie Dodo unbedingt befreien. Sie verabredeten, am nächsten Morgen gemeinsam das Lager der Wilderer zu stürmen."

„Alter, das ist der Hammer!" Lisa-Marie vergisst vor lauter Begeisterung mit ihrem Kaugummi zu knallen.

„Dann haben die Elefanten bestimmt auch gleich die anderen Tiere informiert", vermutet Tammi.

Mara nickt. „Und alle wollten dabei sein!

Bevor die Sonne aufging, machten sich die Tiere auf den Weg. Sie schickten ein paar Affen vor, um das Lager zu erkunden.

Die Affen beobachteten, dass Spinnenbein mit Dodo weglief. Sie folgten ihm, ohne bemerkt zu werden. Einer der Affen blieb zurück, um die anderen Tiere zu informieren. Daraufhin stürmten alle hinter Spinnenbein her."

„Genau das haben wir vom Flugzeug aus gesehen!" Liebevoll klopft Tammi Gipsys Hals. „Gut gemacht, Süße. Wusste gar nicht, dass kleine Elefanten so schlau sind. Wenn ich das Dodo erzähle! Der flippt aus!"

Mara übersetzt. Gipsy hebt den Rüssel und trompetet stolz.

Robin, der Mara mit offenem Mund zugehört hat, flüstert ehrfürchtig: „Das ist ja wie in einem Abenteuerfilm."

Tammi schlägt sich an die Stirn. „Wir haben was vergessen! Wir haben den Korb mit dem Obst stehen lassen. Komm mit, Robin, wir holen ihn schnell!"

„Ich rufe in der Zwischenzeit schon mal Yambo", beschließt Mara.

Als Tammis Eltern mit Vincent und Matteo von der Wasserstelle zurückkommen, treffen sie auf zwei zufriedene Elefanten, die sich mit großem Appetit über die saftigen Äpfel und die knackigen Karotten hermachen.

Vincent zieht Tammi an ihrem Pferdeschwanz. „Schade, dass ihr nicht mit zur Wasserstelle gekommen seid. Wir hatten echt viel Spaß mit den Elefantenkids!"

Die Mädchen grinsen sich an. Tammi meint: „Was wir eben erfahren haben, ist viel besser."

Matteo putzt seine Brillengläser mit einem Zipfel seines T-Shirts. „Erzähl mal", fordert er Tammi auf, „habe ich was verpasst?"

Tammi schaut Mara an. „Erzähl du, es ist deine Gipsy."

Als Mara geendet hat, ruft Matteo: „Echt fantastico! Gib mir fünf!" Begeistert klatscht er Maras Hand ab.

„Fette Geschichte", meint Vincent und schaut bewundernd auf Gipsy und Yambo, die sich nicht beim Fressen stören lassen.

Mama kann es kaum glauben. Doch Papa meint: „Da sieht man mal wieder, wie schlau Tiere sind. Menschen unterschätzen das oft."

„Und jetzt kommt der Hammer!" Tammis Augen glänzen. „Lisa-Marie und ich haben eben mit zwei Tierpflegern gesprochen. Sie haben vor etwa einem Jahr in der Nähe ein Rudel Affen gesichtet, die wie Dodo aussahen."

Die Jungs wollen sofort alles wissen.

Papa ruft: „Jetzt mal ganz langsam und von vorne! Wo wurde das Affenrudel gesehen?"

Tammi berichtet von dem Angebot der Tierpfleger, sie morgen an die Stelle zu fahren, wo ihnen die Affen aufgefallen waren.

„Das machen wir natürlich!" Papa geht sofort auf die Suche nach den Tierpflegern.

Als er zurückkommt meint er: „Morgen um 10:00 Uhr treffen wir die beiden. Sie bringen uns mit ihrem Geländewagen hin."

KAPITEL 33

Hier stimmt was nicht

Zurück auf der Straußenfarm gehen alle in ihre Zimmer. Sie wollen sich fürs Mittagessen umziehen.

Lisa-Marie schleudert die Schuhe von den Füßen und zerrt ihr Shirt über den Kopf. „Puh, irgendwie rieche ich nach Stall." Sie schnüffelt an ihrem Shirt.

Tammi löst ihren Pferdeschwanz und schüttelt die Haare. „Du hast Recht, ich gehe schnell unter die Dusche."

„Gute Idee", meint Lisa-Marie. „Mach voran, dann schaffen wir das noch, bevor Wanda zum Essen läutet."

Die Mädchen sind gerade dabei, ihre schmutzigen Klamotten in den Wäschesack zu stopfen, als sie Wandas Glocke hören.

Mama ruft von unten: „Seid ihr fertig?"

Als Antwort poltern Tammi und Lisa-Marie die Treppe herunter. „Wir haben einen Bärenhunger", verkündet Tammi.

Mama setzt ihre Sonnenbrille auf. „Papa und Robin sind schon vorausgegangen. Sie wollten noch kurz nach den Straußeneiern sehen."

Als sie auf die Terrasse kommen, wartet dort schon ungeduldig Wanda. „Wo bleibt ihr denn? Ich muss das Essen auftragen, sonst wird alles kalt, und ich kann wieder von vorne anfangen", grummelt sie.

„Wir sind doch hier. Und dort kommen auch die anderen." Mama zeigt auf Papa, Robin und Herrn Gorius, die gerade um die Ecke biegen.

Vincent und Matteo stürzen lachend aus ihrem Ferienhaus und albern herum. Auch sie haben geduscht. Ihre Haare sind noch nass. Zum Föhnen blieb keine Zeit mehr.

„Der Farmer lässt sich entschuldigen", wendet sich Herr Gorius an Wanda, „er hat bei den Straußen zu tun und kann nicht zum Essen kommen."

„Und Mara? Was ist mit der?", fragt Wanda.

„Bin schon da!" Mara kommt vom Haupthaus gelaufen. „Ich war noch kurz im Laden. Was gibt's denn zum Essen?"

Wanda lächelt Mara an. „Weil du doch schon bald wieder ins Internat musst, habe ich dir heute dein Lieblingsessen gekocht."

„Lass mich raten!", ruft Mara. „Du hast Straußenschnitzel mit Rahmsoße gemacht!"

„Genau." Zufrieden geht Wanda in die Küche, um das Essen zu holen.

„Warten Sie Wanda, ich helfe Ihnen." Mama folgt ihr, die Mädchen laufen hinterher.

Nach dem Essen legt Tammi ihr Besteck auf den leeren Teller. Sie schaut sich um. „Sagt mal, hat jemand von euch Dodo gesehen?"

„Nein", meint Vincent, „wie ich den kenne, stromert der wieder mit Jay-Jay und Jamaal in der Gegend herum."

„Das glaube ich nicht", meint Matteo. „Seht mal, sind das nicht Jay-Jay und Jamaal, die dort auf dem Baum neben dem Haupthaus sitzen?"

„Du hast Recht, aber irgendwas stimmt da nicht." Tammi runzelt alarmiert die Stirn. „Die beiden sitzen ganz still und schauen zu uns herüber. Wieso kommen sie nicht her?"

Jetzt werden auch die Erwachsenen aufmerksam. „Ist etwas nicht in Ordnung?", fragt Mama.

„Was machen die zwei denn dort auf dem Baum? Und wo ist Dodo?" Herr Gorius steht auf. „Das schaue ich mir näher an. Bleibt ihr mal sitzen, ich rede mit den beiden."

„Kann ich mitkommen?", bittet Tammi.

„Dann komm." Herr Gorius geht mit großen Schritten zu dem Baum, auf dem Jay-Jay und Jamaal sitzen.

Die zwei rühren sich noch immer nicht. Traurig schauen sie auf Herrn Gorius und Tammi herab.

„Was ist los?", will Herr Gorius wissen.

Jay-Jay fiept leise und Jamaal krächzt heiser vor sich hin.

„Jetzt mal raus mit der Sprache, was ist passiert? Wo ist Dodo?"

Jamaal tippelt unruhig auf dem Ast hin und her. Jay-Jay schaut ihm dabei zu.

Herr Gorius stemmt die Hände in die Seiten. „Wie lange soll ich denn noch warten. Ich höre!"

Jay-Jay holt tief Luft. Dann fiept und schnalzt er so schnell, dass Tammi kein Wort versteht. Jamaal nickt und gurrt zustimmend.

Herr Gorius scheint Jay-Jay zu verstehen. Erst macht er ein besorgtes Gesicht. Dann lächelt er, um sich gleich darauf sehr ernst an Tammi zu wenden.

„Also, ich weiß jetzt nicht so recht, wie ich es dir beibringen soll." Unschlüssig dreht er an seiner Fliege.

„Was ist denn los?", fragt Tammi ungeduldig.

KAPITEL 34

Überraschender Besuch mit Folgen

„Wenn ich Jay-Jay richtig verstanden habe, ist heute Morgen, als ihr alle weg wart, plötzlich eine Affenfamilie am Eingang zur Farm aufgetaucht. Jamaal hat sie zuerst gesehen. Die Affen haben sich beraten und kamen dann zögerlich auf das Haupthaus zu.

Jamaal kam das komisch vor. Er suchte Dodo, um ihm von den Affen zu erzählen. Dodo war gerade mal wieder dabei, mit Jay-Jay die Strauße zu ärgern. Als er von den Affen erfuhr, lief er ihnen entgegen.

Jamaal sah, wie Dodo ein paar Meter vor den Affen plötzlich stoppte und bewegungslos stehen blieb. Er starrte und starrte.

Mit einem Mal stieß er einen schrillen Schrei aus und stürzte auf die Affen zu. Die hüpften jetzt auf und nieder und stießen ebenfalls schrille Schreie aus.

Dodo umarmte erst den größten des Affen. Dann warf er sich in die Arme des Weibchens. Er war völlig aus dem Häuschen, rannte im Kreis und konnte sich gar nicht beruhigen.

Die beiden jungen Affen kreischten so laut, dass selbst die Strauße in ihren Gehegen unruhig wurden. Erst rannte Dodo um sie herum, dann schlug er einen Purzelbaum nach dem anderen. Die Affenkinder machten es ihm nach.

Jay-Jay, der den Lärm hörte, schlüpfte unter der Umzäunung des Geheges hindurch, um zu schauen, was da los war.

Als er die Affenfamilie sah, war ihm alles klar. Sie hatten genau die gleichen grünen Augäpfel und die gleichen grünen Innenrohren wie Dodo.

Dodo hatte seine Familie gefunden.

Jay-Jay lief zu dem Baum, von dem aus Jamaal die Begrüßung beobachtete. Er kletterte den Stamm hinauf und setzte sich neben ihn.

Mittlerweile war die erste Wiedersehensfreude abgeklungen. Jay-Jay und Jamaal sahen, wie Dodos Bruder und seine Schwester ihn an der Hand nahmen und mit sich fort zogen. Dodos Mama und Papa folgten ihren Kindern.

Doch plötzlich blieb Dodo stehen. Seine Geschwister redeten auf ihn ein. Dodo schüttelte den Kopf und drehte sich um.

Als er seine Freunde auf dem Baum entdeckte, sah er sie lange traurig an. Dann hob er die Hand und keckerte leise.

Jay-Jay und Jamaal verstanden. Sie mussten von ihrem Freund Dodo Abschied nehmen.

Dodo drehte sich um und verschwand mit seiner Familie in der Wildnis."

Herr Gorius sieht Tammi besorgt an. „Na ja, Tammi, es ist traurig für dich, Dodo zu verlieren. Aber du weißt auch, dass wir genau dafür hierher gekommen sind."

Tammi kämpft mit den Tränen. Ihr Brustkorb fühlt sich beim Atmen ganz eng an. So, als bekäme sie keine Luft mehr.

Lisa-Marie kann zwar nichts von dem, was Herr Gorius Tammi unter dem Baum erzählt, hören. Als sie jedoch sieht, wie Tammi langsam den Kopf senkt und kraftlos die Arme hängen lässt, weiß sie, dass etwas nicht in Ordnung ist.

Sie läuft zu ihr. „Tammi, was ist passiert?"

Tammis schluchzt laut auf. „Dodo ist weg", ist alles was sie herausbekommt. Dann wird sie von einem Wein-krampf geschüttelt.

Lisa-Marie umarmt Tammi und wiegt sie hin und her. Tam-mi kann gar nicht mehr aufhören zu weinen.

Alle umringen jetzt die Mädchen und wollen wissen, was los ist.

Mama streicht Tammi die nassen Haare aus dem Gesicht. „Überlege doch mal, wie froh Dodo jetzt ist. So ein Leben mit uns Menschen ist doch auf Dauer nichts für ihn."

Robin drängt sich aufgeregt dazwischen, um nur ja nichts zu verpassen. „Kommt Dodo jetzt nicht mehr?", will er wissen.

„Ach Broccoli, was weiß denn ich! Er hat ja jetzt seine Familie wieder, da braucht er uns nicht mehr", schluchzt Tammi.

„Aber ist das nicht der Grund, warum mir nach Namibia geflogen sind?", fragt Papa.

Tammi kramt nach einem Papiertaschentuch, putzt sich die Nase und schnieft. „Klar, aber es tut so weh. Ich habe Dodo doch so lieb."

Mara, die gerade hinzukommt, hört Tammis letzte Worte. „Ich weiß, wie es sich anfühlt, jemanden zu verlieren, den man ganz doll lieb hat. Aber du hast Dodo doch geholfen, seine Familie wieder zu finden. Ist das nicht super? Er wird immer an dich denken. So lange er lebt."

„Du hast ja Recht, Mara. Er ist hier mit seiner Familie bestimmt glücklicher, als bei uns zuhause. Aber er hätte sich wenigstens von mir verabschieden können." Tammi schnäuzt sich noch einmal laut in ihr Taschentuch. Dann stopft sie es in die Hosentasche und schaut ihre Freunde an. „Ich gehe mal kurz in mein Zimmer."

Besorgt schauen ihr die anderen hinterher.

Beim Abendessen auf der Terrasse verkündet Mara: „Ich fahre morgen schon los. Eine Freundin aus dem Internat hat angerufen. Wir wollen den letzten Ferientag was zusammen unternehmen. Ihre Mama fährt uns dann übermorgen ins Internat."

Tammi, die vor ihrem halb vollen Teller sitzt und vor sich hin starrt, schaut auf. „Dann bist du morgen also auch weg."

„He Tammi", meint Lisa-Marie, „wir fliegen auch übermorgen zurück. Am Montag fängt doch die Schule wieder an."

„Ich freue mich auf die Schule", nuschelt Robin mit vollem Mund. „Was ich alles meinem Freund erzählen kann!"

Matteo nickt. „Incredibile, äh unglaublich, was wir hier alles erlebt haben. Ich habe meiner Mama am Telefon nur ein bisschen erzählt. Sie hätte einen Anfall bekommen." Er grinst. „Auf ihre Reaktion bin ich gespannt, wenn sie die ganze Geschichte hört."

„Ich gebe gleich morgen früh den beiden Tierpflegern Bescheid, dass Dodo seine Familie gefunden hat und sie sich die Fahrt mit uns sparen können", meint Papa. „Lasst uns morgen stattdessen gemeinsam was unternehmen. Schade nur, dass Mara nicht mehr dabei sein kann."

„Ja, finde ich auch," meint Lisa-Marie.

Tammi schaut Mara nachdenklich an. „Vielleicht kannst du uns ja mal in den Ferien besuchen?"

Maras Augen leuchten. „Echt jetzt, im Ernst?"

Tammi nickt.

„Cool, ich komme super gerne." Mara schaut zu Tammis Eltern.

„Das heißt, wenn deine Eltern einverstanden sind."

„Mara, du bist jederzeit willkommen", bestätigt Mama.

Herr Gorius wendet sich an den Farmer. „Mara sollte die weite Flugreise nicht alleine machen. Ich würde mich freuen, wenn Sie Mara begleiten. Ich habe viel Platz in meinem Haus."

Der Farmer grinst. „Hört sich gut an, ich bin dabei!"

Als Tammi und Lisa-Marie im Bett liegen, kann Tammi mal wieder nicht einschlafen. Sie grübelt über das nach, was heute passiert ist.

Bevor Lisa-Marie eingeschlafen ist, hat sie sich noch lange mit Tammi über Dodo unterhalten. „Was hat der arme Dodo alles erdulden müssen! Ist es nicht toll, dass er nun wieder zuhause ist?"

Tammi findet das natürlich auch. Und doch ist sie traurig. Sie muss daran denken, was sie alles mit Dodo erlebt hat. Aber wie würde sie sich fühlen, so ohne ihre Eltern und ohne die Nervensäge Broccoli?

Aber warum ist er einfach so gegangen? Wir waren doch mehr als Freunde. Wir hatten uns doch lieb. Er ist gegangen, ohne nochmal mit mir zu sprechen. Ohne tschüs zu sagen. Tammi schwirrt der Kopf.

Seufzend zieht sie ihre Decke hoch. Vielleicht denken Affen anders, überlegt Tammi. Ich darf nicht so egoistisch sein. Ist doch super, dass es tatsächlich geklappt hat, Dodos Familie zu finden. Wir haben doch schon nicht mehr daran geglaubt.

Langsam fallen Tammi die Augen zu. Mit den Bildern von Dodo im Kopf schläft sie endlich ein.

KAPITEL 35

Abschied

Hoffentlich habe ich alles eingepackt, denkt Tammi. Sie schaut sich um. In ihrem Zimmer sieht es aus, als hätte ein Sturm darin gewütet.

Alle Schubladen sind herausgezogen. Die Schranktüren stehen offen. Auf Lisa-Maries Bett türmen sich Jeans, Shirts, Pullover und Schuhe.

Lisa-Marie stemmt die Hände in die Hüften und schaut zweifelnd auf das Chaos. „Wie soll das alles wieder in meinen Koffer?"

„Ach komm, Lisa-Marie, als wir herkamen, war ja auch alles drin. Du musst die Sachen nur ordentlich zusammenfalten."

„Du hast gut reden. Ich bin nicht so wie du. Zuhause hat mir meine Mutter den Koffer gepackt."

„Okay, habe verstanden. Komm, ich helfe dir. Das ist total einfach." Tammi macht sich daran, Ordnung in Lisa-Maries Durcheinander zu bringen.

Lisa-Marie schaut solange aus dem Fenster. Es ist noch sehr früh am Morgen. Die Sonne hat soeben erfolgreich die Dunkelheit verdrängt. Umgeben von federleichten Wölkchen steht sie strahlend an einem blass-blauen und orangefarbenen Himmel.

Morgen um diese Zeit sind wir schon wieder in Deutschland, denkt Lisa-Marie. Irgendwie ist das alles so unwirklich. Sie sieht Samir, der gerade die schweren vollen Eimer mit Futter für die Strauße zum Gehege trägt.

Aus den Augenwinkeln nimmt sie eine Bewegung wahr. Regt sich da nicht etwas in der Einfahrt zur Farm? Sie schaut genauer hin. Staubwölkchen werden dort aufgewirbelt. Sie kann kleine Gestalten erkennen, die sich der Farm nähern.

„Tammi komm schnell! Sieh dir das an!"

„Was denn?" Tammi ist gerade dabei, die letzten Shirts in Lisa-Maries Koffer zu stopfen.

„So komm doch endlich!", drängelt Lisa-Marie ungeduldig.

Tammi stellt sich neben sie und guckt aus dem Fenster. Sie schlägt die Hände vor den Mund.

Den Weg entlang nähert sich Dodo mit seinem typischen schaukelnden Gang. Bei jedem Schritt stemmt er die Hände auf den Boden. Er ist nicht alleine. Mit einigem Abstand folgen ihm seine Eltern und die beiden Geschwister.

Ohne lange zu überlegen stürzt Tammi die Treppe hinunter und rennt aus dem Haus, Dodo entgegen.

Als Dodo Tammi bemerkt, stößt er einen schrillen Schrei aus und läuft schneller. Seine Familie bleibt stehen.

Als Dodo bei Tammi ankommt, grinst er und zeigt dabei seine großen starken Zähne. „Ich komme, mich zu verabschieden von dir, onk, onk. Ich will so viel danke sagen, dass du und alle anderen mir geholfen haben, zu finden meine Familie."

Tammi ist ganz gerührt. „Darf ich dich noch einmal auf den Arm nehmen?", fragt sie.

Das lässt sich Dodo nicht zweimal sagen. Mit einem Satz springt er an ihr hoch und schlingt seine langen behaarten Arme um Tammis Hals.

Tammi drückt ihn ganz fest an sich. „Ach Dodo, ich werde dich so doll vermissen."

„Meine Mama und mein Papa sagen auch ganz viel danke, dass ihr habt mich wieder zurück gebracht, onk, onk. Sie haben schon nicht mehr geglaubt, mich zu finden.

Meine Familie und meine Verwandten haben mich gesucht überall. Aber auch sie waren in Gefahr. Sie wurden gejagt von bösen Männern. Gut nur, dass alle konnten weglaufen, onk, onk.

Aber sie mussten weggehen von hier. Sie sind gelaufen eine lange Zeit. Dann sie haben gefunden eine neue Heimat. Dort sie waren sicher. Meine Familie aber musste immer denken an mich, onk, onk. Alle waren so traurig.

Gut, dass die Elefanten nachts haben allen erzählt, dass hier auf der Farm ein Affenjunge sucht seine Familie. Papa hat das gehört und gleich gedacht an mich. Deshalb wurde geschickt mein Onkel. Er sollte schauen, ob ich das bin."

„Ach", meint Tammi, „dann war das wohl dein Onkel, der im Dunkeln vor meinem Fenster stand."

Dodo grinst: „Genau. War dumm, dass ich in der Nacht geschlafen habe bei Jay-Jay und Herrn Gorius."

Dodo reibt sein Köpfchen an Tammis Schulter. „Ich immer werde denken an unsere Zeit, onk, onk." Dann springt er auf den Boden und läuft zu seiner Familie.

Seine Geschwister begrüßen Dodo mit Gekreische. Sein Vater schaut zu Tammi und hebt die Hand, wie zum Gruß. Dann wendet er sich mit einem tiefen energischen Ton an seine Kinder. Die Affenfamilie macht sich auf den Heimweg. Die Jungen schlagen Purzelbäume und albern herum.

Tammi schaut ihnen hinterher. Sie weiß nicht, ob sie lachen oder weinen soll.

Dodo bleibt noch einmal stehen und dreht sich zu Tammi um.

Lange schaut er sie an. Dann hebt er langsam beide Arme. Tammi hebt ebenfalls ihre Arme und winkt ihm zu.

Dodos Mama hat ihren Sohn aufmerksam beobachtet. Jetzt kommt sie zurück und legt ihm die Hand auf die Schulter. Dodo schaut sie an. Als sie nickt, folgt er seiner Mama ohne noch einmal zurückzuschauen.

Tammi sucht in ihrer Hosentasche nach einem Taschentuch. Sie will gar nicht heulen. Doch die Tränen lassen sich nicht mehr zurückhalten.

„Das war krass", seufzt Matteo, der hinter Tammi auftaucht. Er hat alles gesehen. „Hier nimm." Er reicht ihr ein frisches Taschentuch.

„Danke." Tammi putzt sich prustend die Nase.

Matteo legt Tammi den Arm um die Schultern. „Komm, wir müssen in einer Stunde zum Flughafen fahren. Lisa-Marie jammert, dass sie eines ihrer Shirts nicht finden kann. Kannst du ihr helfen? Sonst wird die Transuse nie fertig."

Noch einmal schaut sich Tammi nach Dodo um. Aber der ist verschwunden.

KAPITEL 36

Heimflug

Am Flughafen wird es noch einmal hektisch. Der Farmer hat seine Gäste gefahren. Jetzt stehen alle in der Abflughalle und verabschieden sich.

Herr Gorius umarmt den Farmer. „Mein Angebot steht. Ich würde mich sehr über Ihren Besuch gemeinsam mit Mara freuen."

„Versprochen, wenn es recht ist, werden wir schon nächstes Jahr im Sommer nach Deutschland kommen. Ich kann es jetzt kaum mehr erwarten, meine alte Heimat wieder zu sehen", lächelt der Farmer.

Da wird ihr Flug durch die Lautsprecheranlage aufgerufen.

„Wir müssen", drängt Papa und greift nach seinem Rucksack.

„Seid ihr soweit?"

„Wir schicken Mara eine Mail, wenn wir wieder in Deutschland sind", ruft Lisa-Marie.

„Ist gut, ich werde es ihr ausrichten", verspricht Maras Papa.

„Wir freuen uns jetzt schon auf Mara. Mit ihr wird es in den Sommerferien bestimmt nicht langweilig!" Tammi winkt ihm zum Abschied noch einmal zu und läuft zum Flugsteig.

Als endlich alle angeschnallt im Flugzeug sitzen, lehnt sich Tammi in ihrem Sitz zurück. Sie denkt an Dodo. Ob es ihm gut geht? Ob er auch an mich denkt?

Lisa-Marie stößt ihr den Ellenbogen in die Seite. „He Tammi, mach kein so trauriges Gesicht. Wir haben es geschafft! Dodo ist wieder bei seiner Familie!

Außerdem war das hier bestimmt der krasseste Urlaub, den wir bisher erlebt haben."

Tammi grinst. „Stimmt!"

Renate Treinen war im Bankengeschäft tätig, bevor sie sich als Galeristin selbständig machte. Nach erfolgreichen Jahren in der Kunstszene arbeitet sie heute als Vertriebsmanagerin in einem großen Konzern.

Sie hatte schon immer eine Schwäche für spannende Kindergeschichten. Seit nunmehr zwei Jahren widmet sie sich dem Schreiben. „Tammi und die Dorfkids in Namibia" ist ihr zweites Abenteuerbuch für Kinder.

Renate Treinen lebt mit ihrem Mann im Saarland und in Berlin.

www.renate-treinen.de

Stefan Grenner arbeitet seit seinem Studium an der Hochschule der Bildenden Künste Saar als Illustrator in Saarbrücken.